1.000 ganz legale Fußballtricks

www.humboldt.de

Weitere aktuelle Ratgeber-Taschenbücher im Humboldt Verlag (Auswahl):

ISBN	Titel
Information & Wissen	
3-89994-055-5	Zeiglers wunderbare Welt des Fußballs – 1111 Kicker-Weisheiten
3-89994-054-7	Kickern & Tischfußball
3-89994-031-8	Die schönsten Film-Weisheiten
3-89994-999-4	10 000 Zitate, Redensarten und Sprüche (CD-ROM)
3-89994-985-4	Moderne Sprüche und Zitate (W. Allen bis F. Zappa)
3-7081-9960-X	Lebensweisheiten berühmter Philosophen
3-89994-051-2	Lebensweisheiten berühmter Popmusiker
3-89994-882-3	Das große Testbuch der Allgemeinbildung
3-89994-033-4	Das große Testbuch der Allgemeinbildung II
3-89994-007-5	Linkshändig? Rat & Information, Tipps & Adressen
3-89994-009-1	Lexikon der Lebensmittel-Etiketten
3-89994-826-2	Teste Deine Intelligenz
Lebenshilfe & Psychologie	
3-89994-020-2	Das große Brain-Fitness-Buch
3-89994-884-X	Gedächtnistraining: Verflixt, das darf ich nicht vergessen (Stiftung Warentest: Bestes Buch!)
3-89994-884-X	Gedächtnistraining: Verflixt, das darf ich nicht vergessen Bd 2, Buch + CD
3-89994-858-0	Gutes Gedächtnis – Das Erfolgsgeheimnis
Beruf	
3-89994-856-4	Rhetorik – Der Weg zum Erfolg
3-89994-983-8	100 clevere Tipps: Lebenslauf und Anschreiben
3-89994-006-7	Der Erfolgsturm: Der richtige Weg um mehr zu erreichen
3-89994-912-9	Stellensuche und Bewerbung im Internet
Gesundheit & Medizin	
3-89994-839-0	Überlebenshandbuch für Allergiker
3-89994-004-0	Mit Messer und Gabel gegen Krebs (in Zusammenarbeit mit der Deutschen Krebshilfe)
3-7081-0101-4	NUAD – die traditionelle Thai-Massage
3-7081-9875-1	Schwangerschaft bewusst erleben (Stiftung Warentest: Sehr gut!)
3-89994-011-3	Der Tinnitus Helfer Buch + CD-ROM
3-89994-944-7	Homöopathieratgeber Schwangerschaft und Stillzeit
Freizeit & Hobby	
3-89994-029-6	Das große Humboldt-Spielebuch
3-89994-829-7	Skat – Regeln und Tipps
3-89994-010-5	Digitalfotografie – Das große Einsteigerbuch
3-89994-017-2	Der große Humboldt-Fotolehrgang

1.000 ganz legale Fußballtricks

Die besten Kolumnen aus
„Zeiglers wunderbare Welt des Fußballs“

von Arnd Zeigler

Verlegt bei Humboldt

humboldt
Gute Bücher seit 1954

Humboldt-Paperback (ht) 4055

Der Autor:
Arnd Zeigler ist Radiomoderator bei Radio Bremen (mit eigener Nachmittagsshow »Planet Arnie« auf Bremen Vier), gibt Fußball-CDs heraus (»Kult Fußball«) und schreibt als Kolumnist für das Fußball-Magazin »11 Freunde«.
Woche für Woche produziert er »Zeiglers wunderbare Welt des Fußballs«, eine Hörfunk-Serie, die seit über einem Jahrzehnt wöchentlich in den Programmen von Radio Bremen Vier, WDR 2, HR 3, SWR 1, Bayern 3, SR 1 und EinsLive zu hören ist.

Bisher erschienen folgende Bücher von Arnd Zeigler:
1995: „Werder Forever“ (Eichborn-Verlag)
2003: „Das W auf dem Trikot“ (Edition Temmen)
2004: „Das Meisterbuch“ (Edition Temmen)
2005: „Zeiglers wunderbare Welt des Fußballs: 1111 Kicker-Weisheiten“ (Humboldt Verlag, ISBN 3-89994-055-5)
2006: „Das W auf dem Trikot XXL“ (Edition Temmen)
2006: „Zeiglers wunderbare Welt des Fußballs“, Tagesabreißkalender (Heye Verlag, *www.heye-verlag.de*)

2. überarbeitete Auflage 2006

Redaktion: Eckhard Schwettmann
Titelbild: Mit freundlicher Genehmigung von Panini
Fotos im Innenteil: Imago, Seiten 10, 14, 22, 24, 25, 28, 36, 37, 38, 39, 43, 48, 53, 62, 68, 72, 74, 75, 79, 89, 98, 99, 103, 105, 109, 119, 125, 133, 141, 157, 158, 163, 167, 169, 173, 181, 185, 189, 201, 202, 203, 205, 228, 231, 237, 238, 240, 241, 242, 245, 251
Der Panini Fallrückzieher auf dem Cover wird verwendet mit freundlicher Erlaubnis der Panini S.p.A., Modena
Umschlaggestaltung und Satz: Stefan „Doktor“ Schmitz, Hamburg
Druck: Artpress Druckerei GmbH, A-6600 Höfen
www.artpress.at

Printed in Austria

ISBN 10: 3-89994-077-6
ISBN 13: 978-3-89994-077-0

Inhalt

Prolog:

Wer leidenschaftlich oder gar fanatisch für eine Sache entflammt ist, kennt diese Situation: Erklären zu müssen, was *daran* denn wohl nun so faszinierend sein soll. Es ist egal, ob die „Sache“ nun George Clooney ist, Bilder von Kandinsky, das Electric Light Orchestra oder Gurkensalat mit Schafskäse. Wenn man erstmal erklären kann, *warum* etwas großartig ist, hat man bereits damit begonnen, es zu entzaubern.

Genauso verhält es sich mit Fußball: Du kannst einem Nicht-Fan nicht erklären, weshalb es Dir so schlecht geht, wenn Dein Verein verloren hat. Fest steht nur: Wenn Du nach einer unglücklichen Niederlage durch einen geschundenen Foulelfmeter im Nachschuß im halbleeren Stadion eines Abstiegskandidaten eine Woche lang so richtig fertig bist, dann weißt Du, dass Du ein Fußballfan bist. Wenn Du im Laufe eines geselligen Beisammenseins mit Freunden dem Gespräch nicht richtig folgen kannst, weil zur selben Zeit Dein Verein spielt, dann bist Du ein Fußballfan. Wenn direkt nach Deinen Verwandten und engsten Freunden der Torjäger Deiner Lieblingsmannschaft die wichtigste Person Deines Lebens ist, dann weißt Du, dass Du ein Fußballfan bist.

Die Liebe für einen Verein, einen Spieler oder das Spiel an sich läßt sich nicht in Worte fassen. Ebenso wenig, wie sich in Worte fassen läßt, warum man unsterblich in einen Menschen verknallt ist. Wenn man nach kurzer Analyse genau sagen könnte *„Ich liebe sie so sehr, weil sie die Haare so cool trägt und voll gute Ansichten hat!“*, scheint mir die Zuneigung eher von überschaubarer Mächtigkeit. Wenn Du dagegen sagen kannst: *„Sie haut mich einfach um. Ich weiß nicht, warum, aber es soll bitte nicht aufhören!“*, dann ist es ernster.

Wenn Dein Mittelstürmer in einem wichtigen Spiel kurz vor Schluß einen riskanten Ball volley nimmt und Du ihn atemlos ins Dreieck rauschen siehst, dann weißt Du: Was Du jetzt fühlst, läßt sich nicht in Worte fassen. Das musst Du auch nicht, weil 40.000 Menschen gerade dieses Gefühl mit Dir teilen. Und durch dieses Teilen wird es komischerweise nicht weniger, sondern mehr. Manchmal musst Du sehr lange auf einen solchen Glücksmoment warten, und manchmal ist es immer und immer wieder das Tor Deiner eigenen Mannschaft, in das dieser verwunschene Ball rauscht. Zu wissen, dass man diesen Frust dann auch von ganzem Herzen ertragen will, weil er der Preis ist für die emotionalen Purzelbäume, die theoretisch an schöneren Fußballnachmittagen kommen könnten, ist ein weiterer Beweis: Du bist ein Fußballfan. Trag es mit Fassung. Nein, besser: trag es mit Stolz!

Kluge Köpfe versuchen seit mehr als hundert Jahren, das Geheimnis der Anziehung eines simplen runden Lederballes zu ergründen. Sie stoßen möglicherweise auf Antworten, aber nicht auf das wahre Geheimnis des Fußballs. Irgendjemand hat mal gesagt: Fußball ist herrlich einfach, und genau deshalb einfach herrlich! Und weil das so ist, fühlen sich Intellektuelle beim Fußball genauso wohl wie einfache Menschen, der Professor erlebt Glücksmomente bei Sternstunden seiner Lieblingself nicht anders als der Fünfjährige. Es kommt auch vor, dass beide in diesem Augenblick vor Freude sabbern. Intelligenter Fußball ist großartig, aber selbst dummer Fußball kann wunderschön sein.

Dieses Buch ist eine Hommage an schlauen Fußball, dummen Fußball, schlechten Fußball und guten Fußball. Letztlich gewinnt am Ende nicht immer Deutschland, wie Gary Lineker mal behauptet hat. Aber für jeden überzeugten Fan gewinnt am Ende immer der Fußball.

Arnd Zeigler, März 2006

EUROPAPOKALMEISTER
1967

Wie Fußballdatenbanken Deutschland zum Weltmeister machten

...oder: Fußballstatistiker müssen manchmal ganz schön was schleppen!

(Dezember 2002)

Wer sich gerne Fußball im Fernsehen anschaut, kommt binnen weniger Minuten zu dem Resultat, dass manche Fußballkommentatoren ohne die sogenannte „Statistikabteilung“ nur hilflose Pimpfe mit überschaubarem inhaltlichen Repertoire wären. Erstmals zu großer Bedeutung gekommen ist derartiger Fummelkram ca. gegen 1993, ziemlich zeitgleich mit dem Siegeszug der SAT1-Fußballshow „RAN“. Und weil ausgeklügelte Statistiken so ein neues, erregendes Feld waren und weil außerdem verschiedene Firmen damit gutes Geld verdienen konnten, mussten Statistiken fortan sein. Nicht, weil sie begleitend wichtige, erhellende Fakten zum Spielgeschehen beitragen konnten, sondern ... weil es sie gab.

Mitarbeiter einer Datenbankfirma arbeiten Fieberhaft an der Statistik „Spieler in blauen Trikots vor roten Werbetafeln“

So verging fortan kein Spielbericht, in dem der Reporter nicht darauf hinwies, dass „der FC seit 1993 kein Auswärtsspiel mehr nach einem

1:3-Rückstand umbiegen konnte". Oder dass „die Lauterer besonders viele Tore zwischen der 67. und 74. Spielminute kassieren".

Für Fußballreporter mögen solche Dinge elementar wichtig sein. Für Fans, Trainer und Spieler sind sie dagegen völlig gaga. Oder was soll man für eine Lehre daraus ziehen, dass man auswärts schon lange kein 1:3 mehr umbiegen konnte? Bloß nicht 1:3 in Rückstand geraten? Beim Stand von 0:3 ja kein Tor schießen, um ein 1:3 zu vermeiden? Sollen die Lauterer sich zwischen der 67. und 74. Minute zu elft ins Tor stellen?

Angesagt sind auch Quatschstatistiken, die man durch das simple Weglassen von unnützem Detailschnickschnack zu markigen Moderationsbausteinen aufplustern kann. Wenn eine Mannschaft nach gutem Saisonstart in 10 Spielen 22 Punkte geholt hat, schaut man einfach mal nach, wie viele Teams bisher in der Geschichte der Bundesliga besser gestartet sind. Fast 100? Zu dumm, das klingt dann nicht sehr spannend. Hm. Okay, dann kontrolliert man eben, wie viele es seit Einführung der Dreipunkteregel waren...: Achtzehn? Immer noch zu viele! Hm. In diesem Jahrtausend waren es nur fünf. Viermal die Bayern. Na super, da haben wir doch die passende Statistik: „Der beste Saisonstart einer nicht-bayerischen Elf seit der Jahrtausendwende!" Ausgelassenheit und Erleichterung macht sich breit.

Also: Man muss nur die störenden Kleinigkeiten weglassen, dann wird jede noch so unhandliche Statistik zu einer echten Waffe im Moderatorenkampf um griffige Anmoderationen halb-interessanter Spielberichte. Hat beispielsweise eine Mannschaft nach fünf Spielen fünf Siege auf dem Konto und ein veritables Torverhältnis dazu, dann wäre es doch gelacht, wenn man nicht nach Beugung aller lästigen, störenden Details zu dem Ergebnis kommen könnte *„Somit sind sie die beste Bundesliga-Mannschaft seit 1990!"* (Insider erkennen hier mühelos die sogenannte *„Methode Lierhaus"*!). Dass womöglich schon sieben Tage später eine ganz andere Mannschaft an der *„besten Mannschaft seit 1990"* vorbeiziehen könnte und man rein rechnerisch vielleicht jene andere Elf unter Weglassung blöder Störfakten dann sofort zur *„besten Bundesliga-Mannschaft aller Zeiten"* hochjazzen könnte, ist im Grunde natürlich unhaltbarer Humbug, aber wen schert das schon, wenn man gerade eine blumige Anmoderation braucht?

Unvergessen auch ein Bundesligaspieltag irgendwann im Herbst 1994. Innerhalb einer Halbzeit erzielten drei Abwehrspieler in verschiedenen Stadien jeweils ihren vierten Saisontreffer. Auf SAT1 wurde jeder der drei Verteidiger im dazugehörigen Spielbericht wortreich gefeiert, mit fast immer demselben Wortlaut: „Hui, sein vierter Saisontreffer! Damit ist er der torgefährlichste Abwehrspieler der Liga!“.

Manche Fußballreporter würden ohne Datenbanken umgehend den Freitod suchen. Zahlen sind ihr Leben – ganz gleich ob sinnvoll oder nicht. Das treibt bizarre Blüten, wenn die Reporter sich im Dickicht der 1000 Daten verirren und Dinge behaupten wie „Bochum hat in der letzten Saison von 5 Elfern 6 verschossen!“ (SAT 1, 1994). Oder wenn Premiere-Mann Fritz von Thurn und Taxis im Brustton der Überzeugung verkündet, laut Datenbank habe der Brasilianer Roberto Carlos „einen Oberschenkel-Durchmesser von 75 Zentimetern“. Nun ... 75 Zentimeter sind in etwa die Breite einer nicht allzu protzigen Waschmaschine. Gehen wir davon aus, dass ein vollständiger Roberto Carlos gleich zwei Oberschenkel besitzt, dann müsste er also anderthalb Meter breit sein und folglich durch keine Tür passen. Na, wenn die Datenbank das sagt, wird es wohl stimmen.

Roberto Carlos mit der von Premiere ermittelten Oberschenkelbreite. Wahrhaftig: Veritable Wummser!

Früher mussten die Reporter ganz ohne Datenbank auskommen. Das wurde wieder auffällig, als kürzlich der inzwischen 94-jährige (Alter geschätzt) Ernst Huberty bei SAT 1 ein Spiel kommentieren musste. Es herrschte Moderatorenengpass. Und Huberty lieferte keine tumbe Statistik, kein gar nichts! Nur Spielernamen und dazwischen jeweils 20 Sekunden Pause: „Schneider .... immer noch Schneider .... jahaa, und Neuville ....! Eieiei!“ Mehr muss der Fan eigentlich auch nicht wissen.

König der lustvollen Statistikpeitscher ist SAT 1-Mann Erich Laaser. Der bringt pro Kommentar in der Regel mindestens 3 wertlose, von hochbezahlten Datenbank-Zombies erstellte Statistiken unter. Scheiß' auf Taktik und Technik, scheiß' auf schönen Fußball – Hauptsache, Laaser kann den SAT 1-Zuschauern erklären, dass Schalke erstmals seit 7 Jahren wieder ein Heimspiel durch ein Gegentor verlor, das ein blonder Linkshänder erzielt hat. Und dass kein Verein in der 2. Halbzeit so häufig den Ball querpasst wie Borussia Dortmund. Anzunehmen ist, dass Laaser auch zu Hause der Gemahlin vorrechnet, dass er sein Brötchen nun schon zum 5. Mal seit 1999 von links nach rechts durchschneidet und kein anderes Familienmitglied in den letzten 11 Jahren so oft Schinken aß wie er.

Wichtig scheint auch das im Grunde völlig sinnfreie Konfrontieren erschöpfter Spieler direkt nach Abpfiff mit abgelesenen Zahlen. Etwa so: „Na, Darius Wosz – wissen sie noch, was sie am 6. Oktober 1993 gemacht haben?“ Darius Wosz weiß das in der Regel natürlich nicht, und er ist dennoch nur mäßig erleuchtet, wenn er vom triumphierend prustenden Reporter erfährt, dass „Sie am 6. Oktober 1993 auch schon mal ein Tor mit dem linken Schienbein gemacht haben! Wohl eine Spezialität von Ihnen, was? Höhö!“

Wäre ich Darius Wosz, dann würde ich diesem Reporter mit ein paar korpulenten osteuropäischen Freunden abends auflauern, ihn in die Enge treiben und fragen: „Na, Reporter – was war denn wohl am 22. März 1997?? Hm?“ Und wenn der Reporter die Antwort nicht weiß, würde ich ihn aus rein pädagogischen Motiven einfach mal vom robusten Freundeskreis in die Mitte nehmen lassen und dann heftig mit dem linken Schienbein treten.

Datenbankexperte Roland Loy: Diego Maradona hat er bereits erledigt. Wer ist der nächste?

Wir wollen aber auch nicht ganz außer Acht lassen, dass Fußballdaten unserer Nationalelf sogar schon einen Weltmeistertitel beschert haben, wie man hartnäckig munkelt. Vom Godfather der deutschen Fußball-Datenbanken beispielsweise, dem Statistiker Roland Loy, der seit frühester Kindheit zwanghaft Fußballdaten zusammenstellt, wird Wundersames überliefert: Es soll 1990 quasi hauptverantwortlich für Deutschlands WM-Triumph gewesen sein, weil er vor dem Finale Deutschland – Argentinien die Rolle Diego Maradonas datenbankgestützt analysiert hatte. Loy: „Dadurch wussten wir, dass es schwierig ist, Maradona zu stoppen, wenn er einmal am Ball ist." Also rannte Guido Buchwald gegen das Genie an und sorgte dafür, dass Maradona kaum ins Spiel kam. Faszinierend ist mit etwas Abstand, dass der damalige Teamchef Beckenbauer offenbar eine datenbankgestützte Analyse zugrundelegen musste um zu entscheiden, dass man diesen

Maradona mal besser nicht völlig in Ruhe lässt, wenn er den Ball hat. Ohne Loys Daten hätte Beckenbauer sich vermutlich auf das Urteil seines Co-Trainers Holger Osieck verlassen müssen: „Du Franz – ich glaube, dieser kleine Dickliche da bei denen ist ganz gut!“

Als SAT 1 uns Anfang der neunziger Jahre berauscht im Wochenrhythmus in Kenntnis setzte, wie toll so eine Datenbank ist, hat Moderator Jörg Wontorra der staunenden Fernseh-Fangemeinde einmal erklärt, dass *„unser Datenbankexperte Roland Loy seine Daten auf einer kleinen computergestützten Tafel erfasst, die exakt die Ausmaße des Spielfeldes im Duisburger Wedaustadion besitzt!“*

Die „kleine Tafel“ war somit offenbar 105 Meter lang und 68 Meter breit. Ich hoffe sehr, dass Loy die damals nicht ganz alleine tragen musste.

Sportgerechte Ernährung

...oder: Willkommen beim Cheeseburger SV!

(Februar 2003)

„Ich bin nicht dick!“
(Obelix)

„Ich müsste aber trotzdem mal wieder mehr Sport machen!“
(Autor dieses Buches)

Unangenehm, aber wohl wahr: Im Sport kommt es irgendwie auch auf die Ernährung an. Und weil das so ist, kommt jeder fußballspielende Mensch irgendwann an den Punkt, wo er sich entscheiden muss: Sind mir Koteletts wichtiger als Kondition? Ist mir Cola wichtiger als Cotrainer? Sind mir Hamburger wichtiger als der Hamburger SV? Ja!

Hups! Habe ich da eben „Ja!“ geantwortet???! Das war die spontane, erste Reaktion. Und die ist ja meistens die ehrlichste. Vielleicht sollte ich mal genauer drüber nachdenken. Also, denken wir genauer drüber nach und wägen die Argumente ab. Wenn es um Fußballer und Ernährung geht, dann fällt einem zuerst immer die Dänische Nationalmannschaft 1992 ein, die als Notnagel- und Ersatzmannschaft bei der EM in Schweden einspringen musste. Die Spieler

Paul Breitner und Jeff Lynne („Electric Light Orchestra“) haben sich in den achtziger Jahren immer wieder mal gegenseitig verwechselt. Zur besseren Unterscheidung begann Breitner (links) schließlich mit dem Zigarrerauchen.

kamen bekanntlich untrainiert und übergewichtig aus dem Urlaub – und wurden Europameister! (Ungeklärt ist, weshalb dieser bekannten Legende nach angeblich alle dänischen Profis in ihrem Urlaub schlagartig damit beginnen, in großer Menge Hamburger und Pommes zu vertilgen. Aber man soll solche Dinge nicht zu eifrig hinterfragen, sonst ist die Kolumne im Eimer.)

Ein Schlag ins Gesicht jedes Asketen und Ernährungsfanatikers, also vor allem für Ewald Lienen! Es gibt ein Parallelbeispiel im Tennis: John McEnroe hat selbst vor großen Turnieren so viele Hamburger verspeist wie eine Schulklasse von Sechstklässlern. Sein ewiger Kontrahent Ivan Lendl hat eklig gesund gelebt und sah, im Gegensatz zu John „Rettungsring“ McEnroe, eklig gesund aus, um nicht zu sagen: verknittert, vertrocknet, verhärmt. Resultat: McEnroe hat Lendl regelmäßig zum Hacksteak gemacht. McEnroe gewann Wimbledon, Lendl nie.

Auch ein Schiedsrichter ist nicht frei von moralischen Verfehlungen. Ein Glas weniger vor dem Spiel wäre das nächste Mal aber dringend anzuraten.

Mario Basler, zum Zeitpunkt dieser Aufnahme leider erst wieder bei 60 Prozent.

Ich habe ein ähnliches Beispiel im privaten Kreis: Ein Bekannter (Name der Redaktion bekannt) joggt nach eigener Aussage jede Woche zehn Stunden. Ich würde ihn vorsichtig als dicklich bezeichnen. Wahrscheinlich hat er schwere Knochen. Jedenfalls sage ich mir: Wenn der mit Joggen so aussieht wie ich ohne, wozu dann joggen? Davon mal abgesehen ist mir Joggen schlichtweg zu langweilig. Mein Walkman leiert dann immer so. Geh' mir weg mit Joggen.

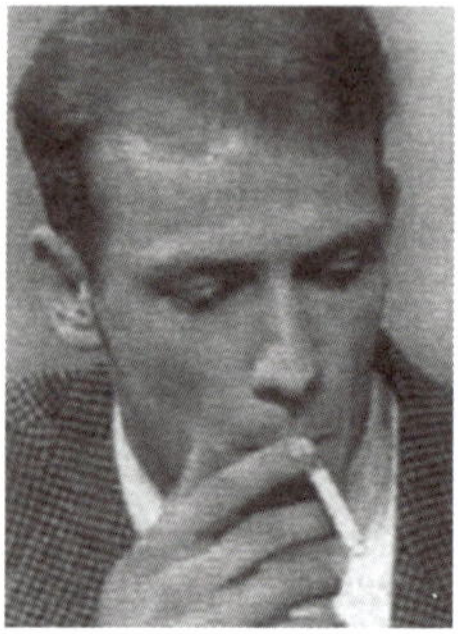

Mario Basler, zum Zeitpunkt dieser Aufnahme beinahe schon wieder bei 65 Prozent.

Leider funktioniert die Formel „Wer öfter mal fett isst und regelmäßig raucht, lebt zumindest nach dänischen Erkenntnissen irgendwie sportgerecht!" nicht immer. Es gibt nämlich auch Gegenbeispiele: Mario Basler hat Zeit seines Lebens geglaubt, die Raucherei und Trinkerei schade seiner Leistungsfähigkeit nicht. Mit 26 hat er allen gesünder lebenden Berufskollegen (also ALLEN Berufskollegen) die lange Nase (oder Zigarette) gezeigt und gesagt: „Ha, seht ihr? Ich rauche und saufe, aber für euch reicht's trotzdem noch allemal!" Nun ist seine Karriere zu Ende. Bilanz: In der Nationalelf ist er nie was geworden, bei Bayern haben sie ihn so mit durchgeschleppt, dann war er bald zu schlecht für Kaiserslautern und wird zeitnah in die Geschichte eingehen als Mr. „Seine Luft reicht nur für eine Halbzeit", alternativ auch als Mr. „Er ist erst wieder bei 60 Prozent!".

Oliver Kahn bereitet sich nach seriösen dänischen Vorgaben auf ein großes Turnier vor.

Paul Gascoigne hat weiß Gott auch schon mal drahtigere Zeiten gesehen.

Und im Nachhinein müsste man ihm vielleicht jetzt mal langsam zurückrufen: „Ha, siehst du? Ich hatte zwar nicht dein Talent, aber hättest du so wenig geraucht und gesoffen wie ich, dann wärst du ein Weltstar geworden und kein Tresen-Idol!". Die Wahrheit liegt also in der Mitte, oder auch „auf'm Platz" (s. A. Preissler). Ruhig ab und zu mal einen Cheeseburger (wie John McEnroe oder die Dänen, 1992), aber weniger saufen und rauchen als Mario.

Genauso lebe ich übrigens schon immer. Ich bin im Grunde wohl tatsächlich perfekt. Und ab nächste Woche mache ich auch wieder mehr Sport.

Schumbrutzki und Strohfuß

...oder: Unangespuckte Autofahrerinnen

(März 2003)

Barbarella, Barbaletta, Barbarix, Barbakus, Barbabum, Barbabo, Barbalala (nicht im Bild: Breitner)

In alten Fotoalben blättern ist immer ein seltsames Gefühl: Man lacht, schämt sich, wird sentimental und merkt, dass man alt wird. Und legt das Album wieder für sechs Jahre zurück ins Regal, unterstes Brett. In alten Fotoalben findet man auf Fotos Dinge wieder wie die fröhlichen Klebeblumen von Pril, die Familie Barbapapa (Barbarella, Barbaletta, Barbarix, Barbakus, Barbabum, Barbabo, Barbalala), Bonanzafahrräder, Fototapeten (küssendes Paar am Strand bei Sonnenuntergang, Gegenlicht), Vorhänge in sechs verschiedenen Grüntönen... Hach!

v.l.n.r.: Grunemann II, Grunemann I, Zeigler (nicht im Bild: Breitner)

Erotisches Highlight meines Fotoalbums ist übrigens ein Schnappschuss, der mich mit meinen beiden Nachbarstöchtern nackt in einer winzigen Badewanne zeigt. Wir alle drei jauchzen auf dem Bild vor Vergnügen. Allerdings nicht, weil

Lecker Sunkist!

sich unsere Leiber aneinander reiben, sondern weil der bekannte Fotograf „Papa“ uns vorher jeweils eine dieser berühmten pyramidenförmigen „Sunkist“-Fruchtsafttüten spendiert hatte.

Ganz ähnliche Dinge passieren beim Durchblättern alter Fußballalben. Ich habe im Selbstversuch das „Americana“-Album von 1980 herausgekramt. Das Vorwort stammt von dem damals 19-jährigen Jungstar Hansi Müller, der damals „der schöne Hansi“ und heute „Hans Müller“ genannt wird.

Die Glamour-Zeit dieses Mannes ist wohl unwiederbringlich vorbei. Als ich zuletzt von ihm hörte war das vor einigen Jahren deshalb, weil er im Verkehrsstau eine Autofahrerin angespuckt haben soll. Flatsch. „Euer Hansi Müller“. (Aus journalistischer Sorgfaltspflicht sei angemerkt, dass Hansi Müller letztlich knapp an der Autofahrerin vorbeigespuckt hat.)

Statt der Familie Barbapapa stößt man anschließend auf Bayern München mit einem nahezu zugewachsenen Paul Breitner, der ein wenig aussieht wie die Wand meines Elternhauses, nur dass es sich bei der Gesichtsbehaarung à la Breitner wohl eher nicht um Efeu handelt. Ganz und gar unzugewachsen, geradezu vorbildlich proper präsentiert sich dagegen Thomas Schaaf, der in seinen Teenie-Jahren auf manchen Bildern absolut US-familienserientauglich rüberkommt. Wie ein mundfauler Schluffi

Hansi Müller (links) (nicht im Bild: angespuckte Autofahrerin. Und Breitner.)

sieht dagegen der etwa gleichaltrige Rudi Völler aus, dem der spätere Lebensweg zur Kultfigur damals noch nicht anzusehen war.

Im Gegenteil: Völler sah 1980 aus wie jemand, dem der Einlass in Hanauer Discotheken verwehrt wurde „Sorry, Junge, aber das hier ist kein Club für mundfaule Schluffis." Der großartigste (weil sinnloseste) Teil des Albums ist die hintere Hälfte: „Stars der 2. Bundesliga Süd"! Erregend, spannend, geil: Die besten Spieler vom MTV Ingol-

Im Bild: Breitner, leider etwas schief eingeklebt

Rudi Völler, leider etwas schluffig eingeklebt

stadt (Aron Schöpfer!), Wormatia Worms (Karl-Heinz Strohfuß!) und Spielvereinigung Bayreuth (Norbert Schumbrutzki!).

Bernd Vogtmann von Freiburger FC sieht aus wie ein ehemaliger Mathelehrer von mir und spielte vermutlich auch ähnlich gut Fußball.

Mathelehrer, leider etwas schief frisiert

Das Americana-Album lege ich dann nun auch wieder ins Regal. Oberstes Brett. Gleich werde ich mal schauen, ob ich bei „Google" was über Norbert Schumbrutzki im Internet finde. Nur mal so.

P.S.: Falls die beiden Mädchen aus der Wanne das hier lesen: Hallo Dina, hallo Ilka, lange nicht gesehen! Meldet euch mal - Ich spendiere auch Sunkist.

P.P.S.: Mein alter Mathelehrer hat eben angerufen. Die Sunkist-Tüten seien nicht „pyramidenförmig", sondern „tetraederförmig". Rotznasiger Klugscheißer.

P.P.P.S.: http://www.spvgg-bayreuth.de/index.php?ac=showspieler&thisspieler=190

Stylische Fußballer und das ewigjunge Reizthema „Mode“

...oder: Das Effenberg-Pelztier-Massaker

(April 2003)

Semikürzlich wurde Stefan Effenberg von RTL aus nicht ganz durchschaubaren Gründen als Co-Kommentator für die Champions League-Berichterstattung angeheuert.

Und da stand er nun also am Spielfeldrand, unser Effe: Mit einer Jacke, die aussah, als seien darin mindestens zwei Dutzend süßer Pelztiere verarbeitet gewesen, die mit großen, fragenden Knopfaugen für Effes Champions League-Jäckchen sterben mussten. Möglicherweise ist der Hintergrund auch viel harmloser. Der Mantel hatte eine gewisse Ähnlichkeit mit einem Hasenkostüm, das ich als Dreizehnjähriger einmal trug. Es juckte furchtbar auf der Haut. Vermutlich, weil es nicht aus echten Hasen gemacht war.

Für dieses Outfit starb ein Streichelzoo: Stefan Effenberg und seine Ochsenjacke.

Ich komme vom Thema ab. Das Problem mit Effenbergs vermutlich aus possierlichen Erdhörnchen hergestelltem Mantel ist dasselbe, was alle Fußballprofis (außer manchen) mit dem Thema Mode haben: Sie haben Geld wie Heu, keinen Geschmack und in der Regel eine blondierte Friseuse als Spielerfrau. Das kann ja nicht gut gehen! In Effes Fall wollen wir mal entlastend annehmen, dass eine seiner gelegentlich rasch wechselnden Blondinen den Frettchenmantel ausgesucht haben könnte.

Für dieses Outfit starb kein Streichelzoo, möglicherweise aber ein Cowboy: Effenbergs Gespielin Claudia Strunz kann einfach alles tragen, ohne dabei dümmlich zu wirken.

Beachtet bitte die vielen schönen Fotos auf der folgenden Seite. Mein Lieblingsbild ist das von Franz Beckenbauer. Die Mütze und der Heiteitei-Schal stammen vermutlich aus demselben Karnevals-Discount wie mein Hasenkostüm 1978, kosteten aber sicherlich einen sechsstelligen Betrag. Fußballer wirken nur sehr selten so cool wie Beckenbauer unter seiner Puschelmütze.

Kopfbedeckungen à GoGo:

Puscheliger Franz Beckenbauer

Der Imageberater rät zu extravaganten Outfits: Oliver Kahn und sein Hut „Lichtgestalt“

Berti Vogts, wenn er sich unbeobachtet wähnt

Meistens bewegen sich Fußballprofis der Generation Brehme, Matthäus und Co. in einer Welt, die irgendwann um 1985 stehen geblieben sein muss. Nehmen wir Thomas Häßler: Der ist nebenbei Besitzer eines Plattenlabels, auf dem er ausschließlich „Melodic Rock“ veröffentlicht. Eine Musikrichtung, die seit Mitte der achtziger Jahre weltweit geächtet ist und ausschließlich von Schnäuzerträgern gemocht wird. Wer auf solche Musik steht, trägt auch Sakkos aus Hamstern und hält das für „hip“.

Klaus Toppmöller (links, ca. 1979) nebst Schreibtischlampe (rechts, ca. 60 Watt)

Nehmen wir das Bild von Klaus Toppmöller. Man sagt ja immer, jede Mode kommt irgendwann wieder. Dieses Bild ist von 1979, und alles, was daran irgendwann mal wieder cool sein könnte, ist die Schreibtischlampe.

Manchmal haben Profis sogar einen Imageberater. Der rät ihnen dann, wie im Falle des eigentlich sehr sparsamen Oliver Kahn geschehen, dass der Schützling gefälligst sein

Geld für teure Klamotten und sonstigen Lifestyle-Spökes ausgeben soll. Darauf stehen die Japaner, sollzemalsehen!

Der eher knauserige Kahn hat auf Anraten seines Beraters daraufhin einen Ferrari und einen Hubschrauber gekauft und trägt seither nur noch Mode von Prada, Armani und Nutella. Hat leider nicht viel genützt. Das coolste, was unser Torwart je getragen hat war etwas, das er unter großer Anteilnahme der Klatschpresse zwischen seinen beiden Frauen hin- und herschleppte: Sein Kulturbeutel.

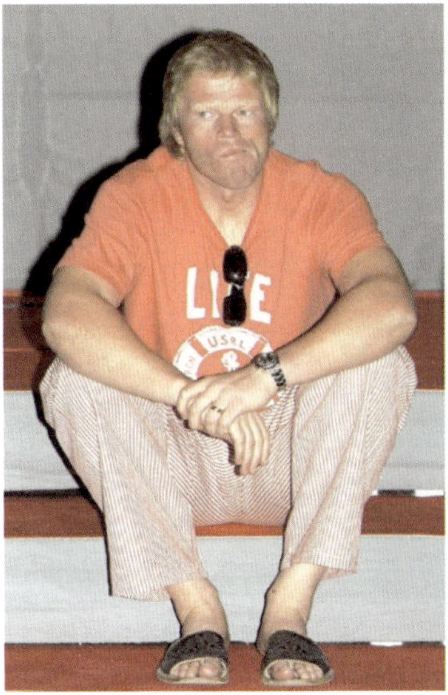

Unklar, wie ein einzelner Mensch soviel Eleganz ausstrahlen kann.

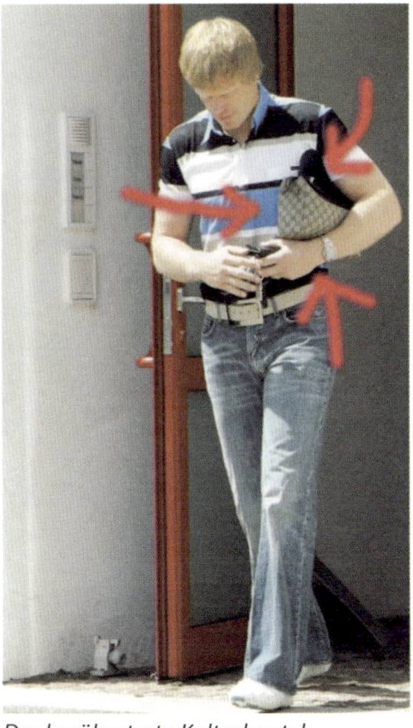

Der berühmteste Kulturbeutel Deutschlands

EM 1976, Jugoslawien gegen Deutschland. Dokument eines längst in Vergessenheit geratenen Experiments: Die Jugoslawen verwenden nach ausgedehnten Testreihen in der Wüste von Nevada erstmals einen Torwart mit Raketenantrieb. Keeper Ognjen Petrovic (Roter Stern Belgrad) hielt kaum etwas (Endstand 4:2 für Deutschland n.V.), war aber die Schlüsselfigur bei der Suche nach Uli Hoeneß' verschossenem Elfmeterball wenige Tage später.

Nett gemeinte Freundschaftsländerspiele

...oder: „In Liechtenstein können sie mittlerweile auch Fußball spielen!!"

(April 2003)

Generell eine etwas unaufgeregtere Angelegenheit: Freundschaftsländerspiele

Anfang dieses Jahrtausends. Die Hansestadt Bremen freute sich: Endlich mal wieder ein Länderspiel im Weser-Stadion! Was war noch gleich der Hintergrund? Bremen wird vom DFB bei der Nominierung der WM-Stadien 2006 übergangen, obwohl der ehemalige DFB-Präsident Egidius uns Bremern das ganz anders zugesagt hatte. Bremen ist böse. Der folgende DFB-Präsident Gerhard will die Sache wieder geradebiegen und verspricht Bremen mit schwerer Zunge als WM-Ersatz einige groovy Freundschafts-Länderspiele. Ähnlich haben das vor mehreren Jahrhunderten die Eroberer westlicher, entlegener, idyllischer Fleckchen mit den dortigen Ureinwohnern gemacht. Nur nicht mit Freundschaftsspielen, sondern mit Glasperlen.

Diego Maradona während eines Freundschaftsländerspiels

Nicht missverstehen: Ein Länderspiel ist immer schön, und ich würde mir das auch ansehen! Jedenfalls dann, wenn es in der Nähe ist und ich irgendwo Freikarten bekomme. Das Problem ist vielmehr das Phänomen „Freund-

„Freundschaftsländerspiel“ an und für sich. Oder wie der längst verblichene Soul-Barde Edwin Starr in seinem bekanntesten Song „Freundschaftsländerspiel“ sang:

„Freundschaftsländerspiel – Huah!
What is it good for? Absolutely – Nothing!!!“

Nun: Er hatte Recht.

Gesuchtes Sammlerstück: Soul-Kracher „Freundschaftslaenderspiel“ von Edwin Starr

Freundschaftsländerspiele zeichnen sich durch eine oft eher lustlos auftretende DFB-Elf aus, in der junge Menschen mitwirken dürfen, die im Normalfall froh sein sollten, wenn sie im eigenen Garten bolzen dürfen, ohne dass Papa ihnen das verbietet. Das wiederum liegt daran, dass bekanntere Spieler wie z.B. Oliver Kahn immer genau dann automatisch Golf spielen oder Blondinen betreuen müssen, wenn der DFB ein Freundschaftsländerspiel absolvieren will. Im Fachjargon nennt man das „Adduktorenzerrung“.

Das Spiel selbst ist dann meistens so unterhaltsam wie eine Gameshow auf „9live“, und schon nach kurzer Zeit erinnert man sich als Fan nur noch an den Stromausfall im Stadion oder daran, dass man von schräg hinten sehen konnte, wie Günther Netzer sich in der ARD-Kabine durchs Haar fuhr. Noch großartiger aber ist immer das Schauspiel *nach* einem Freundschaftsländerspiel! Carsten Ramelow sagt dann meistens „Ich weiß auch nicht, woran es gelegen hat. Es fing eigentlich ganz gut an“.

Freundschaftsländerspiel ist, wenn man trotzdem lacht: Waldi und Schweini

Anschließend wird Michael Skibbe von Waldemar Hartmann begrüßt mit den Worten „Michael Skibbe ist bei mir, der Bundestrainer – Michael, woran lag's? Waren die Beine doch etwas müde?" Michael Skibbe verneint dies stirnfaltig, und dann darf ein richtiger Reporter den Teamchef Rudi Völler interviewen, und der sitzt da meistens mit einem Gefrierfleischlächeln und erklärt der Fernsehnation verkrampft, dass Liechtenstein, Burkina Faso oder Andorra nun mal längst keine Fußballzwerge mehr seien, und außerdem die Medien Schuld daran, dass ein mühsamer Sieg gegen Liechtenstein nicht mehr als so großer Prestige-Erfolg gilt wie noch vor, sagen wir, 250 Jahren. Und dann kommen ja Gott sei Dank auch schon die Tagesthemen.

Typisches Highlight eines Freundschaftsländerspiels

Das nächste Freundschaftsländerspiel gegen Serbien und Montenegro wird sicher ganz anders. Hoffe ich. Und wenn nicht, dann wird es vielleicht so wie bei einem der letzten Länderspiele in Bremen: Der Gegner hieß Schottland, Deutschland gurkte fürchterlich herum, und Oliver Kahn hatte an dem Abend irgendwie keine Zeit. Und dann kam der Stromausfall und Netzer fuhr sich durchs Haar. Immerhin.

Was der Fernsehzuschauer nie zu sehen bekommt: Delling zieht Netzer an den Haaren, nachdem Netzer ihn im Vorfeld eines Freundschaftsländerspiels einen „Albernen Wortspielfuzzi" genannt hatte.

Walter Hansch am Rande eines Schmatzverweises

(Mai 2003)

Man konnte eine Stecknadel zu Boden fallen hören. Oder zumindest einen Schraubenzieher. Der Raum war mit Journalisten gefüllt bis unters Dach, und alle warteten sie auf Christoph Daums Kokain-Beichte nach seiner Rückkehr aus dem Hoeneß-Exil (Florida).

Die Kokain-Beichte ließ jedoch auf sich warten. Minutenlang hörten die Fernsehzuschauer aller angeschlossenen TV-Kanäle (und das waren nicht wenige) einen Menschen mit Glatze und Schnäuzer ... schmatzen! „Schmatz. Schmatz. (Pause) Schmatz."

Und als man sich gerade als Zuschauer damit abgefunden hatte, dass das Schmatzen eventuell sogar schon die ganze Performance gewesen sein könnte, fing der Schmatzmacher überraschend doch noch an zu reden. Er sagte: *„Mein Name ist Hansch. Werner Hansch. Ich bin Chefreporter bei ‚RAN SAT.1 Fußball' ..."*. Und irgendwann, Stunden später, durfte sogar Christoph Daum was sagen.

Wir haben aus dieser Fernsehübertragung vor allem 3 Dinge gelernt:

1.) Werner Hansch ist Chefreporter bei ‚RAN SAT.1 Fußball'.
2.) Er ist wichtiger als das eigentliche Ereignis. Glaubt er.
Und:
3.) Wenn er nicht gerade redet, schmatzt er.

Werner Hansch ist ein lustiger Vogel. Und eine ganz anstrengende Figur der deutschen Sportreporterlandschaft. Seine Sprüche denkt er sich nächtelang aus und liest sie dann ab. Meistens passt der Spruch im Ablesemoment nicht zu dem, was der Zuschauer sieht, aber das

kümmert unseren Protagonisten nicht. Deshalb kommt es vor, dass man einen Ball ins Aus fliegen sieht, dann einen kurzer Zwischenschnitt auf ein knutschendes Pärchen und schließlich einen Einwurf. Und während der Spieler einwirft (ein ganz unschuldiger Vorgang, eigentlich), brüllt Werner Hansch enthemmt und ekstatisch ins Mikrofon: *„DAS DESIGN BESTIMMT DAS BEWUSSTSEIN, UND WER ZULETZT LACHT, TJAHAAAA, DER FÄLLT IN JEDE LIEBES-FALLE!“*

Das war ein Originalzitat.

Genauso gut hätte er brüllen können: *„HACH, GUT DASS ES NOCH BLASMUSIK GIBT!“*. Oder *„LARS RICKEN, HAAAAAR, DIESER LLLLATTENSTÜRMER!“* Oder *„DER ZENTRALFRIEDHOF VON CHICAGO, VON OBEN GESEHEN. SATTE KLANGMATTEN!“*. Auch alles Originalzitate aus Spielkommentaren von Werner Hansch. Vielleicht sollte er besser NUR schmatzen.

Andere Merkwürdigkeiten kommen noch erschwerend dazu. Claudio Pizarro heißt bei ihm manchmal ein ganzes Spiel lang *„ZIPARRO“*. Das Weserstadion heißt nicht selten *„Werderstadion“*, und wenn Werder ausnahmsweise mal in Trikots auflief, die grün und schwarz sind, dann weiß Werner: *„WERDER IN DEN TRADITIONSFARBEN GRÜN-SCHWARZ.“* Aaaahrgh!!!! Frankfurts Andree Wiedener hieß jahrelang immer *„WEGENER“*, Torsten Frings hieß oft *„FRANZ“*, und manchmal verwechselte er ganze Mannschaftsteile und kommentierte beim Blick auf Raschi Tjikuzu und Tim Borowski: *„HÄ, AILTON UND FABIAN ERNST - AUF SIE WIRD ES HEUTE ANKOMMEN!“*.

Das ist alles nicht schlimm. Ich verurteile dich nicht, Werner! Ich vergucke mich auch oft und verwechsle Mutti mit Vati. Manchmal verwechsle ich Vornamen und spreche meinen besten Freund mit „Margot“ an, und manchmal wähne ich mich auch in einem Stadion, dass es gar nicht gibt.

Aber ich bin auch nicht „Chefreporter“. Ich darf das.
(Schmatz.)

(P.S.: Nachtrag, Sommer 2005: Mein Radiokollege Malte Janssen bemühte sich bei einer günstigen Gelegenheit im Bremer Werderstadion netterweise bei Werner Hansch um eine sogenannte „ID" von ihm für mich, mit etwa solchen Worten: „Könnten Sie für einen Kollegen vielleicht den Satz aufnehmen *„Hallo, hier spricht Werner Hansch, und ihr hört Radio Bremen 4 mit Arnd Zeigler!"* ...?

Das Ansinnen scheiterte. Werner Hansch sprach melodiös ins Mikrofon: *„Hallo, hier spricht Werner Hansch, und ihr hört Bremen 4 mit **Bernd Teigeler**!")*

Der Frank Sinatra des Dampfplaudererwesens: Werner Hansch live at Canegie Hall

Geheimnisse aus der Sprecherkabine

...oder: Wie ein Tor die Welt verändert (zumindest kurzzeitig)

(September 2003)

An anderer Stelle dieses Buches steht geschrieben, dass ich nebenberuflich als Stadionsprecher bei Werder Bremen arbeite, wobei es theoretisch auch sein kann, dass ich dies hauptberuflich tue und nebenberuflich dieses Buch geschrieben habe. Beim Buchschreiben hat mir keiner geholfen. Beim Stadionsprechen dagegen hilft mir Heimspiel für Heimspiel mein Kumpel Stolli. Der ist auch auf dem Foto da oben. Das Bild ist nicht gestellt. Es entstand vor geraumer Zeit in der Sprecherkabine des Weserstadions. Auf diesem Bild erstmals anschaulich vereint: Drei grundverschiedene Jubeltypen.

Nehmen wir zunächst also mal meinen guten Freund S. (links, etwas spannendes weißes Trikot). Sein Gesichtsausdruck liegt irgendwo zwischen *„Finden Sie nicht, dass Sie zuviel getrunken haben, Sir?“* und *„War's für dich auch schön, Mullemaus?“*. Und das sagt auch schon alles über ihn und sein Erleben von Werder-Toren: Fußball macht ihn berauscht und ist für ihn nicht „so schön wie Sex“, sondern vielmehr „ungefähr dasselbe wie Sex“. Das ist eigentlich nicht schlimm, solange er in entscheidenden Moment dennoch immer den Unterschied bemerkt und privat nicht mittendrin wütend eine Torkamera fordert. S. macht beim Torjubel meistens ein Geräusch wie *„HAAAAARGH!“*, und seine Stimme klingt dann wie die von Bert aus der Sesamstraße. Die etwas passive, schlaffe Körperhaltung gaukelt uns vor, er selbst habe gerade dieses eminent wichtige Tor erzielt und wartet nun verdammt noch mal endlich auf unsere Glückwünsche und Küsse. Wenn das *„HAAAAAARGH!“* vorbei ist (ca. vier Sekunden) kann er ganz im Gegensatz zu mir sofort wieder sprechen und stößt dann ergriffen Lobesfragmente aus wie z.B. *„Sensationelles Tor!“* Meistens widerspricht ihm da auch niemand.

Es lebt! Kollege S., als er sich noch bewegen konnte

Ich vor dem Spiel. Noch tut die Zunge ihren Dienst, noch funktioniert das Hirn sauber und einwandfrei.

Im Gegensatz zu S. macht T. (rechts neben S.) beim Werdertorjubel nicht „HAAAARGH!“, sondern ungefähr „HEEEEEYYY!!!“. Und während S. nur lappig und träge herumsteht wie eine Statue aus Götterspeise und dabei die Arme hebt, ist T. eher der Mann, der beim Jubeln in Werbetonnen tritt oder den Mann vom Brandschutz (links im Bild) aus dem Fenster der Sprecherkabine schubst, ohne es zu merken. Der Mann vom Brandsch. wiederum überlegt pflichtbewusst, ob man Ailton nicht eigentlich gerade löschen müsste.

Schließlich ich selbst (rechts im Bild). Ich bin mehr ein Gemeinschaftsjubler und würde im Augenblick des Fotos gerade sehr gerne jemanden umarmen. Das geht aber nicht, weil S. sich gerade für sein Tor feiern lassen muss, weil der Mann vom Brandsch. gerade in Gedanken Ailton einschäumt – und vor T. habe ich zuviel Angst, weil, er könnte mich ja treten. Also konzentriere ich mich auf meinen eigenen Jubelschrei. Ich wähle meistens spontan eine ausgelassene, etwas ins Koyotige gehende Variante wie „Woooooh-hooooh!“ (englische Aussprache, also eigentlich „Wuuuuh-huuuuh!“ – vgl. „SONG 2“ von BLUR).

Dann wird es für den Beobachter höchst interessant: Während ich auf dem Bild deutlich so aussehe, als hätte ich für einen Moment das Gemüt eines Kleinkindes, muss ich im nächsten Augenblick schon vernünftig artikuliert das eben noch Bejubelte durchsagen. Und was soll ich sagen: Ich musste beim Tor auf dem abgebildeten Foto massiv überlegen, ob ich zuerst den Spielstand sagen muss oder die Spielminute, und wann man eigentlich noch mal gleich den Namen des Spielers rufen lässt, und vor allem: wie zum Henker eigentlich nochmal dieses Mikrofon angeht

Fußball ist schön. Tore sind noch schöner, wenn sie von der richtigen Mannschaft geschossen werden. Findet auch S., von dem ich herzlich grüßen soll. Er steht immer noch mit erhobenen Armen in der Sprecherkabine. Wenn er sich nicht bald bewegt, stellen sie ihn ins Werder-Museum.

T··Com
Hundepudding

Parade der Fußball-Superhelden

Folge 1: Olli Kahn

(Oktober 2003)

Nun möchte ich euch in dieser Reihe in loser Folge die wirklichen Helden meiner Fußballwelt vorstellen. Und ich werde versuchen, uns diese Stars, die mal mehr und mal weniger bekannt sind, nicht nur sportlich sondern auch menschlich näher zu bringen. Oder so ähnlich. Was man nicht alles so rumfaselt am Beginn einer Kolumne, um irgendeinen Einstieg zu finden.

Also jetzt mal Olli Kahn! Was muss man wissen über Olli Kahn? Am wichtigsten ist freilich, dass er manchmal ein sehr, sehr guter Torwart ist. Das darf man ihm so nie sagen, weil er es grundsätzlich nicht verwindet, wenn man ihm nicht sagt, dass er *immer* ein sehr guter Torwart ist. Wenn man nämlich leise Kritik an ihm übt, bekommt Kahn immer einen Blick wie Klaus Kinski und eine Stimme wie Darth Vader. Und sagt dann erstaunliche Dinge wie *„Pfölliger Plödsinn was Sie da von sich keben! Sie sollten sich erst mal ein Spiel richtig ankucken ehe sie mich ansprechen. Was sie sagen, hä, ist mir scheißegal."* Manchmal lacht er dabei auch höhnisch und macht dann nicht nur *„Hä!"*, sondern gar *„Hähä!"*. Wenn Olli Kahn lacht, dann klingt das immer, als müsste er sich dafür immens anstrengen.

In seinem Privatleben hingegen stresst er sich nicht mehr ganz so arg. Wenn eine Blondine nicht mehr so gut in Schuss ist, wird sie nicht repariert, sondern gegen eine neuere Blondine umgetauscht. Auf seinen Discotouren wird er paffend mit einer der Blondinen fotografiert und sagt hinterher mit der Darth-Vader-Stimme, er habe aber nicht inhaliert. Was Darth Kahn uns nicht sagt ist, weshalb er die Fluppe dann überhaupt anzündet. Was er auch nicht sagt ist, weshalb er überhaupt „Liebesurlaub" macht, wenn er dann so gucken muss wie auf unserem Foto.

Außer sich vor Glück: Kahn im Liebesurlaub

Interessant ist sein berufliches Selbstverständnis. Während sich jeder Arbeitnehmer leistungsmäßig zumindest gelegentlich kritisch hinterfragen sollte, ist genau das für Kahn so ziemlich die größtmögliche Frechheit. Wenn er über Monate ein eigentlich nur durchschnittlicher Torwart ist, darf das jeder wissen, nur er selbst nicht, und noch weniger der Reporter, der ihn interviewt. Kahn erwartet Demut und

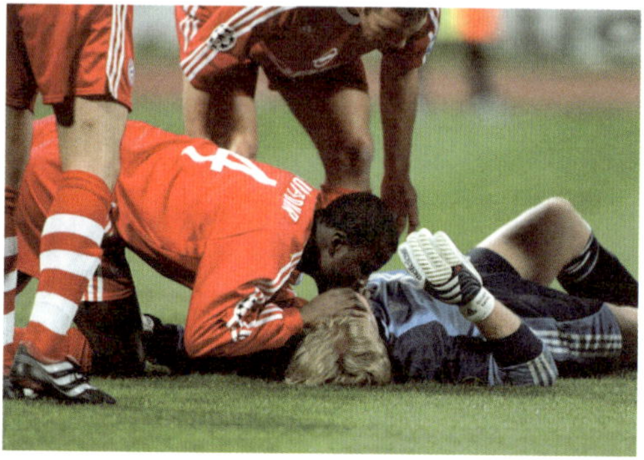

Wenn gerade keine Blondine in der Nähe ist... (1)

Wenn gerade keine Blondine in der Nähe ist... (2)

devotes Verhalten bei seinen Gegenübern. Wenn das nicht vorhanden ist und ein Reporter fragt, ob man *„am ersten Tor nicht mit etwas Glück etwas hätte verhindern können"*, dann erntet man von Kahn nicht nur den Kinski-Blick, die Darth-Vader-Stimme und das mühsam zurechtgequälte Hohngekicher, sondern auch noch patzige Gegenfragen wie *„Warum fragen Sie mich das?"*

Noch aussagekräftiger über den Menschen Kahn ist sein Verhalten im Straßenverkehr. Er wird dreimal an einem Tag geblitzt (Deutscher Rekord, 2003) und parkt seinen Ferrero (oder wie der heißt) grundsätzlich so, dass er mehrere Krankenhauseinfahrten gleichzeitig blockiert. Da der Ferrero eher groß ist, schafft er es bei besonders geschicktem Parkverhalten manchmal sogar, gleichzeitig eine Krankenhauseinfahrt in Schwabing zu blockieren und eine Feuerwehrausfahrt in Nürnberg.

Im Moment kann er Scherze nicht so gut gebrauchen. Er hat Augen-Aua. Auch das ist interessant, weil er sich mitunter halbblind ins Tor stellt und erst hinterher Bescheid sagt, dass er eigentlich nichts gesehen hat. Etwas bizarr.

Noch bizarrer ist, was wir auf diesem BILD-Foto sehen können: Kahn setzt schwungvoll eine Mineralwasserfalsche an. Am Auge. Wenn ich so trinken würde, hätte ich auch Augen-Aua.

Trinkt mit dem Auge:
Der Torwart-Titan!

P.S. - auch irgendwie wunderlich:

Wenn er nicht mit dem Auge trinkt, trinkt er mit der Nase: Kahn

Parade der Fußball-Superhelden

Folge 2: Werner Lorant

(Oktober 2003)

Heute kümmern wir uns um einen Insidertipp aus der Armada der Fußball-Helden. Jeder kennt Ballack, Maradona oder Zeigler, aber Werner Lorant wird eher selten genannt, wenn man von Fußballidolen redet. Dabei erfüllt er alle Voraussetzungen, um zum engsten Dunstkreis der schillerndsten Fußball-Persönlichkeiten weltweit gezählt zu werden.

Als er noch gegnerische Stürmer umnietete, bestach Werner Lorant durch klassische, zeitlose Frisuren.

Über auffällige Typen im Fußball-Business sagt jeder Mittelklasse-Reporter, wenn ihm nichts Besseres einfällt: *„Ha, er ist halt ein positiv Fußball-Verrückter!“*. Will heißen: Er ist irgendwie seltsam, und alleine auf einem Waldweg hätte man Angst vor ihm. Auf Werner Lorant trifft das auch zu. Allerdings nur, wenn man aus dem Satz die Wörter „positiv“, „Fußball“ und „Ha“ eliminiert. Werner Lorant ist tüdelütütü, wie es Louis de Funès ausdrücken würde. Oder wie es Ewald Lienen einmal zu seiner aktiven Zeit formuliert hat: *„Werner Lorant gehört für mich nicht in die Bundesliga! Ich habe es zweimal erlebt, wie er - ohne jeden Grund - über den Platz gerannt ist und gebrüllt hat, so laut, dass es auch der Schiedsrichter hätte hören müssen: ‚Jetzt hol ich mir einen! Lass mir den da hinten!‘“*.

Die Schöne und das Biest: Lienen und Lorant

Wenn Ewald Lienen so etwas aufstößt, will das was heißen, denn Lienen selbst muss in Deutschlands Stadien zu den absoluten Koryphäen für auffälliges Verhalten gerechnet werden.

Was ist nun, abgesehen von sinnloser Brutalität zu seiner aktiven Zeit, das Spektakuläre an Werner Lorant? Nun gut, er hat vor vielen Jahren mal in Offenbach versucht, seine Freundin mit dem Auto zu überfahren. Aber wem von uns wäre das nicht beinahe schon einmal passiert, an einem schlechtgelaunten Tag? Nein, auffälliger ist dies: Werner zuckt. Im Gesicht. Immer. Er schürzt die Lippen, wackelt mit der Nase, kneift die Augen zusammen, damit er sie besser wieder aufreißen kann, und weil man mit zusammengekniffenen Augen so schlecht sehen kann, war die Sache damals mit dem Auto und der Freundin auch bestimmt ein Versehen.

An und für sich meistens die Ruhe selbst: Werner Lorant

Manchmal brüllt Werner Lorant Reporter an, weil er für einen Moment vergisst, dass die Journaille nichts für krasse Abwehrfehler seiner Hintermannschaft kann. Und Abwehrspielern seiner Elf lässt er nach Fehlern die gleiche Behandlung zuteil werden wie Stürmern nach Torerfolgen: Er würgt sie, hört aber meistens gerade noch rechtzeitig wieder auf.

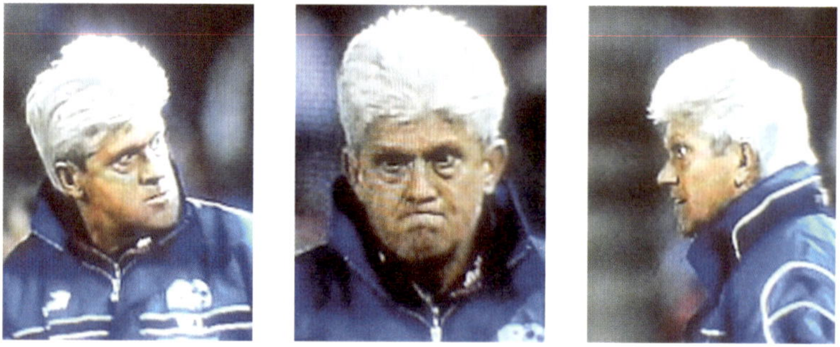

Ich habe mir Werner Lorant mal spaßeshalber in einer Pressekonferenz live angesehen, nach einem Spiel im Weser-Stadion. Überfahren hat er niemanden, aber er hat gezuckt, viiiiiel gezuckt. Und als alles fast zuende war und ich dachte ‚Hm, da hatte er sich aber diesmal ganz gut in der Gewalt, unser Werner!‘ , da ... knallte er sich plötzlich und unvermittelt mit voller Wucht die flache Hand ins Gesicht:

PATSCH! Ein Hieb von einer Intensität, die Dariusz Michalczewski ansatzlos ausgeknockt hätte. Werner fiel nicht um, aber nur, weil er ohnehin saß. Jeder Versuch, meinen ungläubigen Freunden diese Szene realistisch nachzustellen, endete beinahe mit einem Nasenbeinbruch. Nie vorher und nie wieder hinterher in meinem Leben habe ich so etwas gesehen.

Der praktische Schnäuzer konnte in den Achtzigern die Schläge ins eigene Gesicht etwas abmildern.

Deutsche Fans mit einem Transparent...

Türkische Fans mit einem Transparent

Abschließend etwas Positives: Toll ist, dass ein Fußballtrainer wie Werner Lorant auch einen gewissen pädagogischen Auftrag erfüllt. Als er kurz Trainer in der Türkei war, brachte er die Anhänger seines Clubs in Rekordzeit dazu, Deutsch zu lernen. Nach wenigen Wochen hingen im Stadion von Istanbul Transparente, auf denen „LORANT RAUS!“ stand. Was soviel heißt wie „Lorant raus!“.

Mich hat er vor allem gelehrt, sich besser nicht mit voller Wucht ins eigene Gesicht zu schlagen.

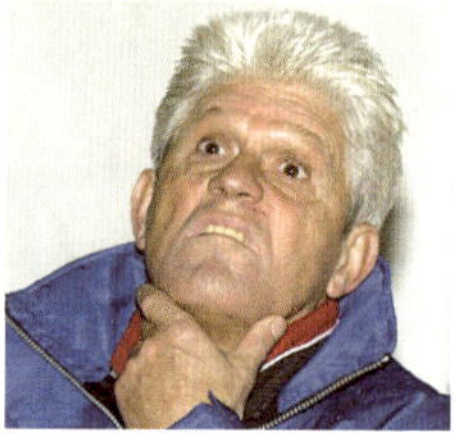

P.S. Ach ja:

Foto: Horstmüller

Werner Lorant, Neuerwerbung des 1. FC Saarbrücken, kann alles vertragen, nur nicht wenn man ihn aus dem Mittagsschlaf reißt. Als eines Freitagmittags das Telefon klingelte und sich der Gesprächspartner mit Heck meldete, platzte Lorant (rechts) der Kragen: „Was willst du Blinder denn?“ Was seinem Gesprächspartner glatt die Sprache verschlug. Denn es handelte sich nicht um Lorants Mannschaftskameraden Heck, sondern um einen gleichnamigen Journalisten.

SAGNOL
2

Parade der Fußball-Superhelden

Folge 3: Jürgen Törkott (DSF)

(November 2003)

Noch ist alles in Ordnung: Der „Hasseröder-Auerhahn“ ist die letzte kompetente Fußballpersönlichkeit für die nächsten 75 Minuten.

Früher wurde die Fußball-Bundesliga auf ARD und ZDF gezeigt. Es gab nur die Sportschau oder das Sportstudio und sonst nix, und das war damals völlig okay. Wir sind auch groß geworden. Die Moderatoren waren respekteinflößende Fachleute, hießen Huberty, Hanns-Joachim Friedrichs oder Rolf Kramer, und man hörte ihnen gerne zu, weil sie ausschließlich Dinge sagten, die man wirklich wissen wollte. Außerdem hörte man ihnen notgedrungen zu, weil sie die einzigen ihrer Zunft waren.

Das war, wie gesagt, früher. Heute gibt es das DSF und Jürgen Törkott. Sein Name dürfte den meisten noch nicht allzu geläufig sein. Das ist auch besser so, denn Jürgen Törkott sorgt neuerdings täglich ab 18 Uhr 30 mit der DSF-Sendung „Bundesliga aktuell“ dafür, dass selbst diejenigen, die (wie ich) normalerweise jede Fußballsendung porentief aufsaugen, lieber ganz schnell umschalten auf „Marienhof“. Das hat irgendwie auch mehr mit Sport zu tun.

Die Show beginnt: Jeden Tag um 18 Uhr 30 wird im DSF gequizfragt, gewonnen, gelabert

„Bundesliga aktuell“ auf DSF ist eine erstaunliche Sendung. Die Macher haben es geschafft, den ohnehin mit nutzlosen Bundesliga-Formaten schon reichlich aufgeblähten Fernsehmarkt noch um eine Show zu ergänzen, die in den Disziplinen „Nichtigkeit“, „Geschwätzigkeit“ „Geistlosigkeit“, „Einfältigkeit“ und „Nervigkeit“ ihresgleichen sucht. Und hoffentlich nicht findet. Und „mittendrin“ in dieser bizarren Katastrophe von Sendung thront nun also besagter Jürgen Törkott, von dem man sich sekündlich wünscht, er wäre nicht einmal „nur dabei“. Eigentlich ein Jammer, denn mit einem richtigen Moderator würde vermutlich auch umgehend klar werden, dass das DSF sich mit den übrigen Inhalten der Sendung durchaus Mühe gibt. Jedoch: Jeder noch so nett gemeinte Film über einen Brennpunkt der Liga wird gnadenlos eingeebnet

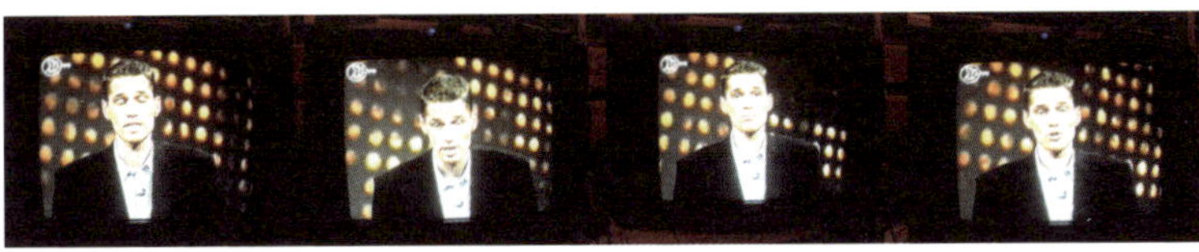

Nun ist die Katastrophe nicht mehr zu stoppen: „Moderator“ Jürgen Törkott beginnt frei zu reden.

Möglicherweise ist Törkott privat ein netter junger Mann. Im DSF kann er das gut kaschieren, indem er permanent weitestgehend sinnfreie Moderationen verklappt, bei denen man spätestens nach 5 Minuten aufhört, nach etwas Gehalt im Phrasen-Nirwana aus hingeschnodderten Nebensätzen, witzig gemeinten Banalitäten und im gähnenden Nichts endenden Konversationsversuchen zu suchen. Törkott moderiert nicht, Törkott *labert*. Er labert mit seinem „Studiogast“ (meistens ein irgendwann mal semi-bekannter Kopf der Fußball-Szene, an den man als Fan zuletzt mal flüchtig dachte, als es die DDR noch gab). Er labert mit dem „Datenexperten“. Das ist neuerdings ein Dauergrinser namens „Herr Schwesinger“, der während der gesamten Sendung wichtig vor einem Monitor sitzt und Zahlen vorlesen darf, weil er insgesamt wohl weniger flüssig labern kann als Herr Törkott.

Von drei sinnlosen Personen die Entbehrlichste: „Datenexperte Schwesinger" reiht mit einer wahren Pferdelunge Zahlen aneinander, hat aber schöne Zähne.

Und so fördert der Datenexperte also über den semi-bekannten Ex-Fußballer so erregende Details zu Tage wie *„Also, unser Gast war schon eine große Nummer. Er hat 1984 immerhin 14-mal in der Bundesliga gekickt und dabei 6-mal aufs Tor geschossen!"* Oder er beruhigt Rudi Völler mit Fakten wie *„Höhö, unser Rudi muss heute gar keine Angst haben vor dem Länderspiel gegen Frankreich,denn die Franzosen haben zwischen der 66. und der 81. Minute seit 11 Jahren kein Tor mehr nach einer Standardsituation geschossen!"* Wenn Herr Schwesinger ein paar Fakten dieses Kalibers vorgetragen hat, wünscht man sich kurz, nun könnte eigentlich auch Törkott weiterlabern. Und das tut er dann auch immer zuverlässig.

Am tollsten ist das Gewinnspiel in „Bundesliga aktuell"! Törkott labert eine Telefonnummer herunter, stellt eine schwierige Frage wie „Wie lautet der Vorname von Rainer Bonhof?", ergänzt diese Frage durch den immer gleichen, ermunternden Satz „Sie kennen die Antwort!" ... und wartet labernd auf Anrufe.

Während er dies tut, kündigt er einen Werbeblock nach dem anderen an und wiederholt die Frage gefühlte 400-mal. Irgendwann begrüßt er dann Hermann aus Remscheid am Telefon. Hermann gewinnt 100 Euro, weil er weiß, wie Rainer Bonhof mit Vornamen heißt und wird dann vom Moderator genötigt, das Geld zu setzen um den Jackpot zu gewinnen. Der überforderte Hermann willigt ein und muss nun als Zusatzfrage beantworten, wie der Pfarrer hieß, der Rainer Bonhofs ehemaligen Nachbar vor 39 Jahren konfirmierte. Hermann weiß das nicht, hat die mühsam gewonnenen 100 Euro wieder versemmelt und bekommt als Trostpreis die CD einer Band, die keine Sau kennt. Tag für Tag geht das so. 18 Uhr 30 im DSF. Der einzige, der diese Sendung in irgendeiner Form spaßig findet ist Jürgen Törkott. Und der Pfarrer vielleicht noch.

Stargäste, die nur deren nähere Verwandschaft kennt: Täglich darf irgendein unwichtiger Fußballer was sagen.

Nachtrag Januar 2006:
Das DSF hat Jürgen Törkott in der Sendung „Bundesliga Aktuell" mit Jörg Dahlmann durch einen richtigen Moderator ersetzt. Die Gewinnspiele gibt es immer noch. Oliver Schwesinger gibt es ebenfalls immer noch. Aus seinem Mund kommen nach wie vor Zahlen. Törkotts weiterer Berufsweg ist unklar. Im Internet verliert sich seine Spur nach der bizarren Episode beim DSF. Gefunden habe ich dies hier: *„Ein ganzes Jahr lang war Jürgen Törkott (geb. 12. Oktober 1969 in Rohr) weg von der Bildfläche: Im Juli 2002 zog er sich auf eine 1.900 Meter hoch gelegene Berghütte unweit von Graubünden / Schweiz zurück, die er gemeinsam mit Freunden bewirtschaftet."* Vermutlich ist er dorthin zurückgekehrt. Und labert. Mit Kühen.

Nicht im DSF: „Berghütte aktuell"

Parade der Fußball-Superhelden

Folge 4: Rudi A$$auer

(Dezember 2003)

Ich werde mich mal eben zusammennehmen. Als Werder-Fan über Rudi Assauer zu schreiben, ist ein schwieriges Unterfangen. Seit klar ist, dass er die Bremer mit Hilfe der Androhung bemerkenswert gaga anmutender Verdienstmöglichkeiten nacheinander auf Krstajic-, Ailton- und Ernst-Entzug setzt, ist er in der ansonsten so unaufgeregten Hansestadt eine „Persona non Grata", oder wie das noch gleich heißt. Soll heißen: Er genießt in Bremen mittlerweile ähnliche Popularitätswerte wie Osama bin Laden. Der hat übrigens auch viel Geld, muss es aber vorerst nicht zurückzahlen. (Entschuldigung, das war jetzt relativ gemein. In späteren Auflagen dieses Buches wird der Name *„Osama bin Laden"* gegen den Namen *„Benjamin Blümchen"* ausgetauscht, um der Einleitung dieses ansonsten harmlosen Textchens etwas die Schärfe zu nehmen. Versprochen.)

Also bemühe ich mich fortan mal, sachlich und fair zu bleiben. Rudi Assauers Verdienste um den deutschen Fußball sind nämlich unbestritten. Er hat eine tolle Mehrzweckhalle bauen lassen, in der man auch prima Fußball spielen kann, wenn gerade kein Biathlon ist. Er hat auf spektakuläre Weise einen ehemaligen Pleiteverein auf solide finanzielle Beine gestellt. Jetzt im Moment macht er zwar dem Vernehmen nach gerade wieder einen Pleiteverein draus, aber der Prozess ist noch mittendrin und deshalb wohl erst ein Thema für die übernächste Kolumne.

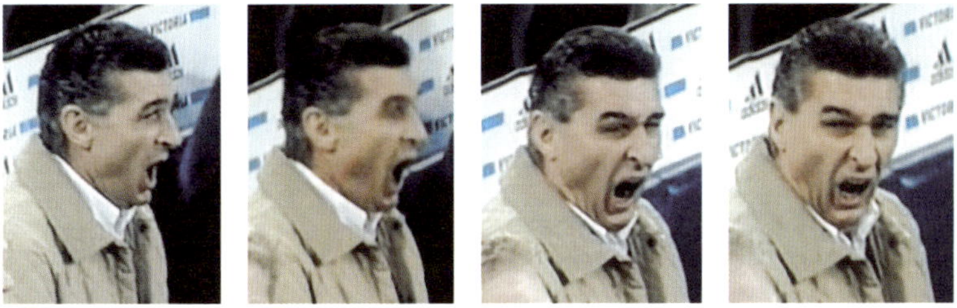

Ein spannender Job: Manager bei Schalke 04

Unter den Werder-Fans war schnell klar, dass man Ailton und Mladen Krstajic den Wechsel nach Schalke nicht verübeln kann. Wer so geisteskranke Gehaltsangebote bekommt, der muss sie annehmen, basta. Und wenn Rudi Assauer mir für jede meiner Radiosendungen einen mit Banknoten gefüllten neuen Chevrolet vor die Tür stellen würde, mit dem mich jeden Tag kurz vor 16 Uhr drei blutjunge, barbusige Fotomodelle zum Dienst im Funkhaus fahren, dann würde ich dem armen Mann diesen Wunsch wohl auch nicht abschlagen. Ailton und Krstajic bekommen keine Fotomodelle, aber der Rest kommt ungefähr hin.

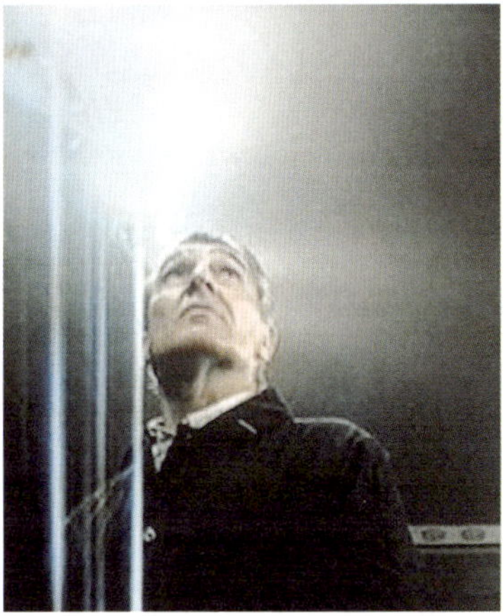

Wenn er sich vor einen Flutlichtmast stellt, ist er kurz eine Lichtgestalt.

Okay, weg von diesen Transfers! Wir wollen nicht rumjammern, sondern die Person Rudi Assauer für ihr sonstiges Lebenswerk würdigen. Wir wollen auch nicht hinterfragen, warum Rudi Assauer Dinge sagt wie „Ein Spieler muss vom Charakter her auf Schalke passen, und deshalb kommen brasilianische Ballzauberer für uns nie in Frage. Die ticken doch alle nicht ganz sauber." - und dann Ailton verpflichtet. Möglicherweise tickt er nicht sauber. Assauer meine ich, nicht Ailton.

Vor allem lieben wir Assauer für weise Zitate wie „Das war ein Schritt zurück, aber kein Rückschlag.“ (nach der 0:1-Heimniederlage gegen Hansa Rostock). Oder „Heute herrscht schweigende Stille.“ (nach einer der vielen anderen Niederlagen). Oder, auf die Frage, wann er sich zur Entlassung von Ex-Trainer Frank Neubarth entschlossen habe: „In der Nacht von Samstag auf Montag.“ . Ach ja, und im Zusammenhang damit sagte Assauer auch noch: „Die einvernehmliche Trennung von Neubarth ist erfolgt, nachdem ich sagte, wir machen nicht weiter!“

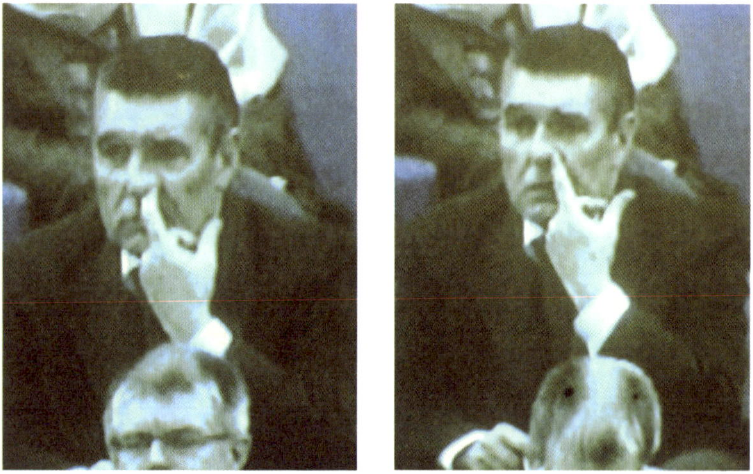

Faszinierende Impressionen von der Tribüne: Wenn sich Assauers Tribünen-Vordermann etwas nach vorne beugt, sieht er aus wie ein niedlicher Hund.

Rudi Assauer sagt oft solche Dinge. Ich habe ihn mal im Weser-Stadion (Bremen) interviewen dürfen. Er sagte Dinge wie „Ich habe damals Otto Rehhagel hier nach Schalke 04 geholt!“ ... und verwechselte dabei Schalke und Bremen. Er sagte, er habe einen Ex-Kollegen gerade „auf der Beerdigung von Hoppy Kurrat getroffen“, die zwei Tage vorher stattfand. Der ehemalige BVB-Spieler Hoppy Kurrat erfreut sich bester Gesundheit. Beerdigt wurde damals Lothar Emmerich.

Völlig unbeerdigt: Hoppy Kurrat (Bildmitte)

Rudi Assauer ist es ziemlich egal, wen er zu Grabe trägt. Hoppy Kurrat, Schalke 04, die guten Sitten im Fußball oder seine Selbstachtung. Oder den DFB-Pokal, der er nach dem letzten Schalker Pokalsieg hackeduhn von einem Umzugswagen fallen ließ, um ihn dann bizarr verbogen den Schalke-Fans präsentieren zu müssen. Hat viel Geld gekostet, den von einem Pokal-Restaurateur (der beim Anblick des demolierten Goldpokals geweint haben soll) wieder hinbiegen zu lassen.

Rudi mit Simone,

Rudi ohne Simone,

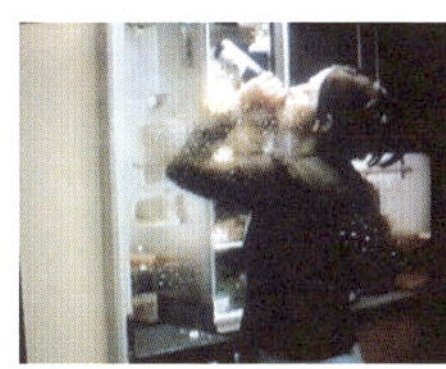
Simone mit Bier

Nicht alles kann Assauer wieder hinbiegen lassen. Sein Image als „Der letzte Macho der Bundesliga" zum Beispiel ist irgendwie nicht mehr ganz in Ordnung. Vor ein paar Jahren, bei seiner vorletzten Gespielin war es noch okay. Da sagte er die unsterblichen Worte: *„Die Alte ist erst 24, aber trotzdem unheimlich in Ordnung! Ich habe sie kennen gelernt, als ihr Zahnarzt mir das Esszimmer neu tapeziert hat. Kerstin merkte sofort, dass ich bei der Behandlung ein bisschen Schiss hatte. Sie hielt mir ganz lieb das Händchen."*.

Den Womanizer nimmt man ihm nicht mehr so recht ab, bei aller Liebe. Seit er da mit dieser anderen jungen Dame, die immer alle für seine Tochter halten, in diesem Bierwerbespot zu sehen war, ist das wohl unwiederbringlic vorbei. Die Frau ist eindeutig zu hübsch, zu clever und zu abstinent für den Mann, den sie früher mal „den schönen Rudi“ nannten. Über den Ursprung dieses Spitznamens kann heute nur noch spekuliert werden. Warum die hübsche junge Frau mit Assauer auf dem Sofa sitzt, Western im Fernsehen guckt und ihm Bier holt, ist ebenso unklar. Wahrscheinlich hat sie von Rudi einen ähnlichen Vertrag wie Ailton bekommen: Zwei Jahre Sofa mit Option, 4 ½ Millionen brutto, keine Stammplatzgarantie.

Auf einem Foto: Tabak, Alkohol, Frau. (Nicht im Bild: Gesang)

LIPS

Frisurentrends 2010

...oder: Wenn Michael Rummenigges Fön reden könnte

(August 2004)

Um dieses Kapitel habe ich lange gerungen. Lustigen Schabernack treiben mit altertümlichen Kickerfrisuren, das ist ungefähr genauso cool und komisch wie jemand, der auf einer Party beim Blick auf sein ausgetrunkenes Bier-Behältnis kehlig etwas von *„Flasche leeeer!!!“* brüllt und sich danach prustend und schenkelklopfend über den Küchenfußboden rollt, weil er annimmt, dass die meisten Partygäste dieses Bonmot noch nie gehört haben. Betretenes Schweigen.

Fußballerfrisuren von früher sind auch nicht mehr lustig. Eigentlich. Aber immer, wenn ich das denke, schaue ich das alte Sammelbild von Peter Stichler (Kickers Stuttgart, 1979) an und schreie drauflos. Deshalb hier, weil ja alles irgendwann wiederkommt: Die ultimativen Frisurentrends für das kommende Jahrzehnt. Man will doch gerüstet sein, wenn der Sommer kommt, oder? Schließlich möchte man im Straßencafé nicht aussehen wie Uli Stielike.

1.)

Kreation: Thomas Sjöberg (Schweden, 1978)
Style: Catweazle à GoGo
Charakter: Sportlich, und doch rustikal-urig
Passt zu: Chemiepädagogen (Sekundarstufe I)

2.)

Kreation: Leonardo Cuellar (Mexiko, 1978)
Style: Amselnest
Charakter: Laid back
Passt zu: Zivildienstleistenden, Ethno-Hiphoppern

3.)

Kreation: Gregor Grillemeier (MSV Duisburg, 1980)
Style: Return of the Popper, alternativ bekannt unter dem Namen "Eichelkopf"
Charakter: Eichelig
Passt zu: Pornodarstellern, Baskenmützenträgern, Eichelhähern

4.)

Kreation: Rudolf Hannakampf (SpVgg. Bayreuth, 1979)
Style: Heruntergekommener Schlagersänger
Charakter: Flauschig
Passt zu: Heruntergekommenen Schlagersängern, HSV-Fans

5.)

Kreation: Jürgen Mauthe (DSC Wanne-Eickel, 1979)
Style: Wiedehopf
Charakter: Putzig
Passt zu: Fußgängerzonen-Entertainern mit Marionette, Fußgängerzonen-Entertainern ohne Marionette

6.)

Kreation: Wolfram Kaminke (1.FC Kaiserslautern, 1979)
Style: Falschrum aufgesetzte Scherzperücke
Charakter: Wärmend
Passt zu: Menschen, die oft auf den Kopf fallen

7.)

Kreation: Paul Breitner
Style: Melancholischer Makake
Charakter: Pavianesk
Passt zu: Besserwissern, Außenverteidigern, erfolglosen Partisanenkämpfern

8.)

Kreation: Peter Stichler (Kickers Stuttgart, 1979)
Style: Rodlerhelm
Charakter: Aerodynamisch (liegend)
Passt zu: Rodlern, passionierten Fönbesitzern, Deppen

9.)

Kreation: Uli Hoeneß
Style: Wurst
Charakter: Abgebrüht
Passt zu: Hot Dogs

10.)

Kreation: Paul Janes (Fortuna Düsseldorf, 1936)
Style: Netz voller Weintrauben
Charakter: –
Passt zu: Menschen, die Weintrauben auf dem Kopf jonglieren können

11.)

Kreation: Lothar Matthäus (Deutschland, 1980)
Style: „Manni, der Libero"
Charakter: wie ein hochgerutschter Vollbart aussehend
Passt zu: Viertklässlern

12.)

Kreation: Gernot Alms (Hansa Rostock, 1992)
Style: keiner
Charakter: Vorne Nino de Angelo, hinten Motörhead
Passt zu: Erfolglosen Discjockeys (Sachsen-Anhalt)

Die Kehrseite der Breitner-Frisur: Bei Kopfballversuchen blieb der Ball wiederholt einfach auf dem Haar liegen.

13.)

Kreation: Norbert Dronia (MSV Duisburg, 1979)
Style: Nach missverständlicher Anleitung gestrickte Wollmütze
Charakter: Missverständlich
Passt zu: Eisprinzessinnen, erfolglosen Discjockeys (Ruhrgebiet)

14.)

Kreation: Felix Magath (Deutschland, 1982)
Style: Haare gewaschen und dann aus Versehen mit Pudelmütze eingeschlafen
Charakter: Schwer zu sagen
Passt zu: Schwer zu sagen

Nachtrag:
Felix Magath beweist uns, dass schwindender Haarwuchs manchmal auch eine große Gnade sein kann. Der Kopf des Bayerntrainers ist er aus dem Gröbsten raus, seit Magath keine Möglichkeit mehr hat, seine Wolle unkontrolliert wuchern zu lassen. Welch schwere Zeiten Magath hinter sich hat, lassen die beiden folgenden Bilder nur erahnen:

1977: Eine solche Optik würde heute völlig berechtigt zu sofortigem Stadionverbot führen.

1986: Interessant wäre vielleicht gewesen, die vordere, mittlere Tolle bis über die Nase wachsen zu lassen. Auch, weil man dann das Brillengestell nicht so gesehen hätte.

15.)

Kreation: Andy Brehme (1.FC Kaiserslautern, 1983)
Style: Haste Scheiße auf'm Kopf, haste Scheiße auf'm Kopf
Charakter: Beidfüssig
Passt zu: Felix Magath

16.)

Kreation: Ewald Lienen (Arminia Bielefeld, 1977)
Style: „D'Artagnan"
Charakter: Homöopathisch
Passt zu: Büchertisch-Betreibern, Musketieren, „Jethro Tull"-Bandmitgliedern

17.)

Kreation: Carlos Valderrama (Kolumbien, 1994)
Style: Frischei-Zöpfli-Nudeln
Charakter: al dente
Passt zu: Teletubbies

Darauf muss man erst mal kommen: Michael Rummenigge und Freundin teilten 1983 nicht nur die Wohnung, sondern auch die Frisur. Gab es im Doppelpack vermutlich günstiger. Mittlerweile (kleines Bild, 2006) sind bei Michael Rummenigge Anzeichen einer Stirnglatzenbildung zu beobachten. Carolin, mittlerweile Frau Rummenigge, will sich vielleicht auch eine schneiden lassen.

18.)

Kreation: Horst Heese (HSV, 1973)
Style: Ach Du liebe Güte!
Charakter: Ach Du liebe Güte!
Passt zu: sozial Gescheiterten

19.)

Kreation: Rigobert Gruber (Eintracht Frankfurt, 1981)
Style: Groovy, aber auch irgendwie wicked
Charakter: Soulful
Passt zu: Michael Jackson, Jermaine Jackson, Marlon Jackson, Tito Jackson, Janet Jackson, La Toya Jackson, Winfried Jackson

20.)

Kreation: Oliver Kahn
Style: „Dynamit-Fön"
Charakter: Verklebt
Passt zu: Torhütern und Linksaußen, Menschen, die keinen Kamm besitzen

Die schönsten (wahren) Fußballgeschichten aller Zeiten

Golden Goal

Manchmal denken sich Fußballfunktionäre Dinge aus, die so schön sind, dass man es als Fan kaum fassen kann. Sie haben nicht sehr viel mit Fußball zu tun, aber das macht nichts, denn irgendetwas müssen Funktionäre ja tun, wenn sie so zusammensitzen in Zürich, Genf oder am Tresen.

FIFA-Funktionär beim Nachdenken

Und so haben sich die Funktionäre der FIFA irgendwann das großartige „Golden Goal“ ausgedacht, also: Wenn in der Verlängerung ein Tor fällt, ist Schluss. Das ist schon alleine deshalb eine supi Idee gewesen, weil die großartigsten Fußballschlachten der Geschichte über 120 Minuten gingen und nicht durch irgendwelchen übereifrigen Funktionärs-Schnickschnack vorzeitig beendet wurden. Das legendäre 3:4 Deutschlands gegen Italien bei der WM 1970, immer noch landläufig eines der besten Spiele aller Zeiten, wäre 2:1 ausgegangen. Das Finale von Wembley 1966 hätte mit dem umstrittenen Wembley-Tor beendet werden müssen. Und das unfassbare 6:6 zwischen Bayern

München und Schalke 04 im DFB-Pokal 1984 wäre durch ein Dieter-Hoeneß-Tor nach 112 Minuten 5:4 ausgegangen. Die Schreibtischtäter der FIFA hätten hier durch ein Golden Goal immerhin kostbare 8 Minuten gespart, aber auch 3 Tore verhindert.

Schon der Beginn des Golden Goals war fantastisch. Erprobt wurde es 1994 im Rahmen der karibischen Fußballmeisterschaft, dem sogenannten „Shell Cup". Wenn schon, denn schon: Dort wurde entschieden, auch bei unentschiedenen Gruppenspielen aus Spaß eine Verlängerung mit Golden Goal dranzuhängen. Das Problem: In den Gruppenspielen geht es ums Torverhältnis, und weil es für eine Elf ja von Nachteil sein konnte, in dieser Verlängerung nur ein Tor erzielen zu können, wurde von den Funktionären erdacht, dass ein „Golden Goal" einfach doppelt zählt. Wumms! Eine tolle Idee mit unvorstellbar wunderbaren Folgen.

Derselbe FIFA-Funktionär, immer noch beim Nachdenken

In der Vorrundengruppe A trafen am 27. Januar 1994 Barbados und Grenada aufeinander. Barbados brauchte einen Sieg mit zwei Toren Vorsprung, um in der anschließenden K.O.-Runde gegen Trinidad/Tobago antreten zu dürfen. Grenada wäre sogar bei einer knappen Niederlage weitergekommen. Dumm nur: Sieben Minuten vor Spielende verkürzte Grenada in dieser Partie die 2:0-Führung von Barbados auf 1:2. Verzweiflung bei Barbados, denn dieses Ergebnis reichte ihnen nicht mehr – Grenada aber schon.

Und nun hämmerte es wohl in Spielern und Verantwortlichen: Was war wahrscheinlicher? In sieben verbleibenden Minuten noch das heilsbringende 3:1 zu schießen, oder lieber in der Verlängerung auf ein Tor zu hoffen, und dann durch das Verdoppeln des Golden Goals automatisch weiterzukommen? Lange Rede, kurzer Sinn: Barbados begann nun, nicht nur das Tor von Grenada zu bestürmen, sondern je nach Spielsituation auch aufs eigene Tor zu ballern, um mit dem 2:2 die Verlängerung und die Chance auf ein Golden Goal zu erzwingen.

Grenada wiederum war somit in der misslichen Lage, nicht nur das eigene Tor verteidigen zu müssen, sondern auch das des Gegners. Das war schwierig – zu schwierig. Barbados gelang kurz vor Schluss ein absichtliches Eigentor zum 2:2. Damit ist die Geschichte allerdings nicht zu Ende, denn den Kickern aus Grenada ging auf: Was die können, können wir doch auch! Grenada hätte eine 2:3-Niederlage ausgereicht, also waren jetzt sie in der Situation, auf beide Tore gleichzeitig zu stürmen, und plötzlich musste Barbados zusätzlich zum eigenen auch das gegnerische Tor abschirmen.

Grenada verfügt vermutlich über eine eher unbedarfte Fußballelf, vor allem in der Offensive, und so kam es, dass sie es in den verbleibenden drei Minuten nicht schaffte, ins eigene Tor zu treffen, um dann mit einer absichtlichen, knappen Niederlage im Wettbewerb zu bleiben. Barbados rettete sich in die Verlängerung, traf dann ins richtige Tor, und somit endete das Spiel mit einem doppelt gewertete Golden Goal 4:2. Barbados weiter, Grenada draußen.

Schön wäre, sich einmal die Archivbilder der letzten 7 Minuten anzuschauen: Zwei Fußballteams, die abwechselnd versuchen, irgendeines der beiden Tore zu treffen, während der Gegner jeweils verbissen das eigene und das gegnerische Tor verteidigen musste. Ein Leckerbissen für taktische Genießer! Und ein Musterbeispiel dafür, dass FIFA-Regeländerungen meistens sehr, sehr putzig sind. Außer, man interessiert sich für Fußball.

Zwei FIFA-Funktionäre beim Nachdenken

Keine FIFA-Funktionäre

Laut Bildtext der Fotoagentur zeigt dieser Schnappschuss „Uli Hoeneß während einer Abiturklausur". Folgende drängende Fragen müssen erlaubt sein: Weshalb schreibt er auf einen winzigen, verknitterten Zettel, weshalb ist er ganz allein und weshalb zum Henker liegt dabei ein Lederball auf dem Tisch? Gestellte Fotos kann man weiß Gott auch mit etwas mehr Liebe machen.

Die „M"-Frage

...oder: Kann man eigentlich auch Vize-Bäckermeister werden?

(März 2004)

Blick hinter die Kulisse zum Einstieg: Es ist gar nicht so ganz einfach, in dieser Kolumne etwas zur aktuellen Lage in der Bundesliga zu schreiben, weil vom Zeitpunkt des Verfassens dieser Zeilen bis zum Erscheinungstermin dieser Zeilen jeweils eine Woche vergeht. Und (an dieser Stelle fängt man als Sportreporter meistens unwillkürlich an, dezent zu näseln und mit einer furchtbar künstlichen Sprachmelodie zu reden, deren Klang man für wichtig-pathetisch hält) *„... in dieser schnellllllebigen (*) Zeit und in diesem verrückten Fußball-Business ist eine Woche ja bekanntlich eine sehr lange Zeit"*. Oder so ähnlich. Eins steht fest: Wenn ihr das hier lest, steht Bayern München wahrscheinlich auf Platz 1 der Bundesligatabelle. Das gilt allerdings nur, wenn ihr dieses Buch relativ kurz nach Erscheinungstermin lest. Wenn ihr diese Buch dagegen mehrere Jahre verwendet habt, um euren Christbaumschmuck darin einzuwickeln, kann für Bayerns Tabellenplatz keine Garantie von Seiten des Verfassers übernommen werden.

Also: Platz 1. Und da naht auch schon der Moment, vor dem jeder Profi, jeder Verantwortliche Angst hat. Nämlich der, wenn ein sogenannter *Fieldreporter* mit dem Mikrofon rumwackelt und fragt *„Nehmen Sie denn jetzt endlich Glückwünsche zur Meisterschaft entgegen?"* Besonders furchteinflößend ist dieser Augenblick, wenn die Frage von dem gefürchteten Rolf „Rollo" Fuhrmann gestellt wird, der mindestens einen halben Meter größer ist als Felix Magath und eine Stimme hat, mit der er auch fantastisch „Godzilla" synchronisieren könnte.

Ein Bäckermeister
(Nicht im Bild: Bäckermeisterschale)

Wenn man bei Google nach Bildern von Rolf „Rollo" Fuhrmann sucht, findet man dieses hier. Keine Ahnung, wie das kommt. Ob die Firma „Fuhrmann-Figuren" auch Godzilla anbietet, konnte ich nicht herausfinden. Aber der Name „Fieldreporter" bekommt einen ganz neuen Sound, und rechts sieht man eindeutig eine Sportskanone.

Woche für Woche passiert das: *„Nehmen Sie jetzt endlich Glückwünsche zur Meisterschaft entgegen?"* lautet die Frage, oder manchmal auch wahlweise *„War's das jetzt?"*, *„Jetzt habt ihr's doch wirklich geschafft, oder?"* oder *„Kann man den Sekt jetzt endlich kaltstellen?"* Ungefähr drei Monate vor Fragen der genannten Art wird meistens noch ganz anders gefragt, vor allem wenn mal überraschend ein Verein wie Werder Bremen oder Schalke 04 oben steht: *„**Wollt** ihr jetzt Meister werden, Ivan Klasnic?"*

Nicht ganz klar ist, welchen journalistischen Wert diese Fragen haben sollen und was passieren würde, wenn man einfach mal spaßeshalber antworten würde: *„Ja, jetzt sind wir todsicher Meister, obwohl wir das gar nicht wollen, und alle anderen können uns mal gernhaben!"* Vermutlich würde Rollo Fuhrmann geschockt mit einem gurgelnden Geräusch kollabierend in sich zusammensacken, zuckend am Boden liegen und dabei immer noch etwa genauso groß sein wie Felix Magath.

Was also bezweckt ein Journalist, der wissen möchte, ob ein Fußballprofi Meister werden möchte? Der Informationsgehalt dieser Frage ist etwa vergleichbar mit dem, den man erzielen würde, fragte man einen Bäcker bei Dienstantritt: *„Nun geben Sie's doch zu: Sie wollen doch heute bestimmt Brötchen backen, oder?"* Oder alternativ, in Richtung der versammelten Bäckerlehrlinge: *„Na, wollt ihr jetzt wirklich Bäckermeister werden?"* In einer späteren Kolumne werde ich möglicherweise einmal der Frage nachgehen, ob man in diesem Fall eigentlich eine Bäckermeisterschale erhält.

Interessant ist die Reaktion darauf, wenn ein von dieser Fragestellung wenig berührter Kicker ohne erkennbare körperliche Erregung antwortet *„Klar wollen wir Meister werden – wer will das nicht?“*. Diese Antwort entspricht etwa der Bäckerantwort: *„Ja, ich erwäge heute die Herstellung einiger Brötchen.“* Nichts Besonderes, aber dennoch eine Antwort, die Fuhrmann, Nickles und die anderen meistens zu einem triumphierenden, mit sich beinahe überschlagender Stimme hervorgestoßenen *„Haahaaaaa – jetzt haben wir's endlich mal gehört! Sie WOLLEN Meister werden!! Halten wir das fest!!“* bewegt.

Analog dazu ist es rätselhaft, warum es den Reportern Spaß macht, auf die schon angesprochene andere Dumpfbackenfrage *„Stellen Sie den Sekt jetzt endlich kalt, Fabian Ernst? Geben Sie's doch zu!!“* über Wochen immer diese Antwort erhalten: *„Wir haben ganz gute Chancen, aber solange nicht alles entschieden ist, feiern wir nicht“*. Ähnlich wäre es, einen Bäcker mit der Aussage zu konfrontieren: *„Geben Sie jetzt endlich zu, dass Sie möglichst viele Brötchen verkaufen wollen?!“*

Die „M-Frage“ bleibt ein ganz großes Rätsel. Immer dieselbe Frage, immer dieselbe Antwort. Wenn man mal Ailton ausnimmt, der auf die Frage *„Kann man den Sekt jetzt nicht langsam kaltstellen, Toni?“* vermutlich antworten würde: *„100 Prossent Sekt viel konzentriert iss gud. Musse machen Feuer. Das Ailton!“*

Das Ailton!

(P.S.: Selbst ausgebuffteste Kolumnisten sind vor den Tücken der Rechtschreibreform nicht sicher. Beim (*) oben in Absatz 1 stand eigentlich das Wort *„schnelllebigen“*. Abgesehen davon, dass dieses Wort optisch höchst albern aussieht und man als Leser extrem versucht ist, es wie *„schnelle biegen“* auszusprechen, ist mir die Anzahl der „L“s in der Wortmitte entschieden zu unübersichtlich. Weil es nun sehr gut zur beschriebenen „näselnden, gekünstelten Sprachmelodie“ passt, habe ich mal einfach ein paar zusätzlich „L“s dazugemacht. Ich hoffe, das war in eurem Sinne. Schön ist übrigens, dass „Microsoft Word“ als Korrekturvorschlag für dieses ja nun nicht mehr ganz richtige Wort folgende Lösungen anbietet: 1.) ***„schnelllalllebigen“*** und 2.) „schnelllulllebigen“. Wirklich!)

Besonders alberne Vereinsnamen (Deutsch)

(April 2004)

Viele Vereinsnamen lassen sich ungemein gut brüllen: *„SCHAL-KE!!!"* - *„WER-DER!!!"* – *„HAN-SAA!"* Und das tut man in Zeiten des Erfolges ja besonders gern. Ich tue es zum Beispiel gelegentlich ohrenbetäubend laut beim Fahrradfahren (bis da neulich dieser hässliche Vorfall an der Ampel passiert ist ... der mit dem Rentner und dem Herzstillstand ...). Oder melde mich am Telefon einfach mal vorwitzig-hintergründig mit „WER DA!!!!?" Meistens ist dann keiner dran.

Es gibt allerdings auch Vereine, die nicht so auf der Sonnenseite stehen. Die erstens keinen Erfolg haben, zweitens einen ganz schlecht brüllbaren Vereinsnamen, oder drittens: einen Vereinsnamen, der so dämlich klingt, dass man ihn besser nicht rufen sollte, wenn man nicht will, dass die Fans des Gegners sich lachend auf dem Boden kugeln. In diesem Kapitel soll es sich deshalb um jene bedauernswerten Fußballklubs drehen, deren Namen so bizarr sind, dass sie heutzutage nur noch selten gerufen werden. Hier sollen sie gewürdigt werden.

Fangen wir an mit ...

1. Robotron Sömmerda

Klingt wie eine Art Raumgleiter aus einer Sechziger-Jahre-DDR-Science-Fiction-TV-Serie. *„Häy, Üwe – hasd Dü den Röbötrön schon aufgedangt?"*

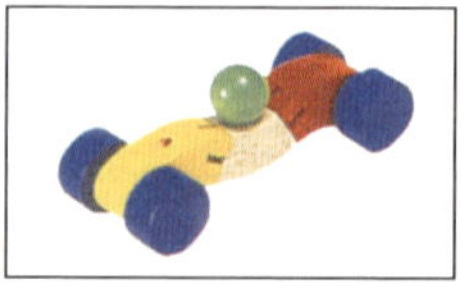

So könnte ein Robotron ausgesehen haben (Entwurf). (Foto: VEB Kosmosrollfahrzeugentwürfe Grimma).

2. Schwarz-Weiß Wasserbillig

Okay, billiges Wasser ist ja in erster Linie erst mal etwas Positives. Aber *„Wasserbillig!“* zu rufen, klingt etwa so wie *„Runter mit den Käsepreisen!!!“*

Vom nicht mehr existierenden Sportverein „Schwarz-Weiß Wasserbillig“ ließ sich beim besten Willen kein Bildmaterial mehr auftreiben. Um das zu kaschieren, seht ihr hier alternativ ein bisschen Billigwasser.

3. FC Ederbergland Battenberg Allendorf

Kein Vereinsname, sondern eine Kurzgeschichte. Den Namen ruft man dreimal, und schon ist das Spiel vorbei.

Original-Eintrittskarte vom FC Ederbergland Battenberg Allendorf. Weil der Vereinsname nicht komplett drauf passte, musste sich der zahlende Zuschauer immer drei Eintrittskarten auf einmal kaufen, um ein Spiel zu besuchen. Kein Wunder, dass der Verein es bislang nicht in die Bundesliga geschafft hat.

4. Sportlust Dresden

Sehr sinnlich, liebe Sachsen. Man hätte den Klub auch *„Bock auf Bewegung“* nennen können. Aber „Sportlust“ ist schon okay, solange die Spieler auf dem Platz nur Sport im Kopf haben und nicht zuviel Lust.

Bock auf Bewegung

5. Starkenburgia Heppenheim

Nun ja. „Starkenburgia“... klingt eigentlich ganz schön. Aber nach einer 0:5-Heimniederlage gegen, sagen wir mal, EC Ederbergland Battenberg Allendorf, wünschen sich die Heppenheimer wahrscheinlich etwas weniger Aufdringliches.

6. TSV Lola Hohenlockstedt

Klingt wie eine besonders verluderte Pornodarstellerin, ist aber ein gemütlicher Fußballklub in Schleswig-Holstein. Wissenswert: Auf der Vereins-Homepage gibt es neben den Menüpunkten „News“, „Geschichte“, „Bilder“ und „Termine“ übrigens ganz, ganz wirklich auch den Menüpunkt „Pellkartoffellauf“.

7. Rotes Banner Trinwillershagen

Räusper ... „Rote Banner“ können sicher ganz schön aussehen, aber wenn man aus einem Ort namens „Trinwillershagen“ kommt, nützt das schönste Banner auch nichts mehr. Auch nicht, wenn der Ort als *„Lieblingsort von Walter Ulbricht“* galt, was seit gut ca. 30 Jahren nichts mehr ist, womit sich noch spektakulär auf dicke Hose machen ließe.

Hatte bestimmt eine Dauerkarte bei „Rotes Banner Trinwillershagen" und durfte bei jedem Freistoß „seiner" Mannschaft die Mauer stellen: Walter Ulbricht.

8. Salamander Kornwestheim

„Uuuh, jaaaah!! Gib mir Tiernamen ...!!!" Netter Name, liebe Kornwestheimer! Noch schöner wäre nur „Wombat Sindelfingen", „Wapiti-Huhn Neckargmünd" oder „Erdmännchen Zuffenhausen".

Als diese Kolumne erstmalig abgedruckt wurde, bemerkte kein einziger Leser, dass es gar keine „Wapiti-Hühner" gibt, wohl aber „Wapiti Hirsche". Ein sehr schlechtes Zeichen, fürchte ich. Wenn die Existenz dieses possierlichen Wesens nun aber weiterhin ums Verrecken nicht näher hinterfragt wird, kann ich eigentlich genauso behaupten, dass dieses Bild ein Wapiti-Huhn zeigt. Im Bild unten wiederum sieht man nur ***scheinbar*** *ein Rudel Erdmännchen. Bei genauem Hinsehen erkennt man deutlich die Hintermannschaft des 1.FC Kaiserslautern.*

9. ASV Gummi Mayer Landau

„Ich gehe zu den Bayern, jeder Profi will da irgendwann mal spielen!" ist ein oft gehörter Satz bei schnöseligen, 20-jährigen Fußball-Emporkömmlingen. „Ich gehe zu Gummi Mayer, das ist eine tolle sportliche Herausforderung!" ist dagegen ein weniger respekteinflößender Ausspruch.

Mit den komfortablen Mannschaftsbussen gerät jede Auswärtsfahrt des ASV Gummi Mayer Landau zu einem wahren Luxustrip.

10. MTV Nebeltruppe Celle

Unfassbar schön! „Nebeltruppe"!!! Leider lässt sich nicht mehr herausfinden, warum der Verein so hieß. Er wurde vor vielen Jahren aufgelöst. Wahrscheinlich haben die Spieler ihr Stadion nicht mehr finden können.

Die Stadt Celle. In der Bildmitte erkennt man das Stadion.

Besonders alberne Vereinsnamen (international)

Im letzten Kapitel zauberten uns Fußballvereine mit so poetischen Namen wie Rotes Banner Trinwillershagen, FC Ederbergland Battenberg Allendorf oder MTV Nebeltruppe Celle hinfort in die Weiten der unbekannten, geheimen Gegenden des Deutschen Fußballs - *where no Spielervermittler has gone before*. Heute nun ist der Rest der Welt dran, also sozusagen alles, was außerhalb von Trinwillershagen liegt.

Beginnen wir mit ...:

FK Dobrudscha Dobritsch (Bulgarien)

Klingt wie das Geräusch, das entsteht, wenn man auf eine besonders knackige Tomate tritt.

Dnjepr Dnjepropetrowsk (Ukraine)

Okay, der bekannte Klassiker. Vermutlich hat der Fußball-Gott diesen Verein zuletzt geschaffen, und da hat er einfach alle Buchstaben verwendet, die noch übrig waren. (Vokale waren etwas knapp.)

Cwmbran Town (Wales)

... aber längst nicht so knapp wie im walisischen Fußball! Da sind Clubs, die mit vier „L“, beginnen an der Tagesordnung. Oder eben „Cwmbran“. Kein Ahnung, wie man das ausspricht. Wahrscheinlich klingt das Rufen dieses Vereinsnamens wie ein heftiges Aufstoßen nach fettem Essen.

TNS Llansantffraid (WAL)

Auch Wales. Klingt aber nicht wie ein Aufstoßen, sondern als würde jemand mit ordentlich Promille in der Birne etwas sagen wollen wie: „Wir haben keine Angst!“, also „We are not afraid!“. Oder so. Wurden 2005 walisischer Meister und führen auch Anfang 2006 die Tabelle der Welsh Premier League haushoch an. Interessant das Fanaufkommen des Clubs: Die schlechteste Besucherzahl gab’s gegen Caernarfon (221 zahlende Zuschauer), den Saisonrekord gegen Welshpool (534 Fans).

In Wales ist alles irgendwie anders. Auch die Mannschaftsfotos. Dies ist das Team von TNS Llansantffraid.

FC Jazz (FIN)

Sehr hübsch: Ein finnischer Fußballclub! Wahrscheinlich spielen die in verrauchten Stadien mit dicken, roten Plüschsitzen, die Spieler tragen Smoking und ein Saxofon mit sich, und bei jedem Tor ertönt „Take Five“.

Anschi Machatschkala (Russland)

Siehe „Dobrudscha Dobritsch".

Boston Minutemen (USA)

In den siebziger Jahren spielten die Bostoner Minutemen in der North American Soccer League. Keine Ahnung, warum sie so hießen. Vermutlich hatten sie keine gute Kondition und konnten einfach nicht so lang. Dafür bestach die Truppe durch einen bemerkenswerten Aktionsradius: In ihrer ersten Saison in der North American Soccer League (NASL) spielten die Minutemen auf dem *„Alumni Field"* am Boston College, im Jahr darauf auf dem *„Nickerson Field"* an der Boston University und in der dritten und gottseidank letzten Saison ihrer Geschichte dann auf dem *„Seargent Field"*, im *„Schaefer Stadium"* und dem *„Veterans Memorial Stadium"*. Das letzte Heimspiel der Klubgeschichte (ein 4:5 gegen Miami) sahen nur noch 583 Besucher. Vermutlich irren auch heute, dreißig Jahre später, noch Zehntausende von Fans quer durch die Staaten – auf der Suche nach dem korrekten Austragungsort des Spiels.

Jacksonville Tea Men (USA)

Auch USA, auch siebziger Jahre. Zwar irgendwie ein gemütlicher Vereinsname, aber etwa so Respekt einflößend wie *„Remscheider Pizzaboten"* oder *„Delmenhorster Apfelschorle Boys"*.

Tai Power (Taiwan)

Potenzmittel? Kung-Fu-Darsteller? Nö. Abonnementsmeister aus Taiwan. Ohne Ginseng.

Dieses Paar vertraut möglicherweise Tai Power. (Unter Umständen trinkt es aber auch nur gelegentlich Tee aus Jacksonville.)

Kawasaki Frontale (Japan)

Ein Verein wie ein böser Auffahrunfall. Klingt aber immer noch besser als „Honda von hinten".

Heidelberg United (Australien)

Hätte es da nicht vielleicht die Chance auf einen netten australischen Städtenamen gegeben? Habt ihr nichts eigenes, ihr Australier? Wir nennen unsere Vereine ja auch nicht *„Teutonia Sydney"*.

(P.S.: Der bulgarische Verein **FK Dobrudscha Dobritsch** wurde gegründet als **Vihar Tolbuchin**, hieß später **Levski Tolbuchin**, dann **Orlov Tolbuchin**, dann **Slavia Tolbuchin**, dann **Cerveno Zname Tolbuchin**, dann **Spartak Tolbuchin**, dann **Septemvriji Tolbuchin**, dann **DFS Dobrudscha Tolbuchin**, dann **FK Dobrudscha Tolbuchin** und seit 1990 schließlich **FK Dobrudscha Dobritsch**, Stand Februar 2006. Bis zur Auslieferung dieses Buches hat der Vereinsname vermutlich noch ein halbes Dutzend mal gewechselt. Die haben wohl echt zuviel Zeit da drüben in Bulgarien. Und spinnen.)

Parade der Fußball-Superhelden

Folge 5: MV Fußballgott

(Juli 2004)

Gerhard Mayer-Vorfelder ist Präsident des DFB. Kaum einer möchte, dass er es bleibt. Ihm macht das nichts, denn „MV“, wie man ihn griffiger nennt, hat mal von sich gesagt: „Ich möchte nicht geliebt werden, nur respektiert!“. Leider klappt das auch nicht so richtig.

Der „George Clooney“ des DFB-Funktionärswesens: Gerhard Mayer-Vorfelder

Was muss man wissen über den früheren schwäbischen CDU-Spitzenpolitiker und Chef des VfB Stuttgart? Ich meine – abgesehen von der Tatsache, dass seine Kinder auf die Namen Marion, Marc, Michael und Miriam hören, was ja für sich betrachtet schon völlig tüdelütütü ist? Vermutlich glaubt er, das Leben sei ein alter Film mit Peter Alexander und Lilo Pulver. Da heißen Geschwister auch immer so.

Nun – er stieg 1975 in die Fußballszene ein, und Schlagzeilen pflastern seither seinen Weg. Selten sind sie schmeichelhaft. Zwei Tage nach seinem Amtsantritt als Präsident des VfB Stuttgart stieg der Verein ab. Für die Anhäufung eines Schuldenbergs von geschätzten 30 Millionen DM während seiner Amtszeit brauchte „MV“ etwas länger. Die

Zementierung seines Images *„Immer wenn es brenzlig wird, verpisst er sich!“* ging dagegen wiederum deutlich schneller.

Schummler. Die Handhaltung beweist eindeutig, dass „MV“ hier nicht jongliert, sondern lediglich zwei Bälle hochwirft. Das macht er allerdings prima.

Komisch ist, dass er jeden Skandal eisig wegzulächeln vermag. Man liest, er habe sich vom hoch verschuldeten VfB Stuttgart 300.000 DM geliehen, die er später nicht zurückzahlt, weil sie im Nachhinein als Aufwandsentschädigung abgerechnet werden können. Man liest, er habe für sein Präsidiumszimmer mit Vereinsgeldern einen antiken Schrank für 90.000 und Gemälde für 170.000 DM gekauft und in seinem Privathaus Feste auf Kosten des VfB Stuttgart gefeiert. Wahrscheinlich stimmt aber nichts davon, schreibe ich jetzt einfach mal aus juristischen Gründen.

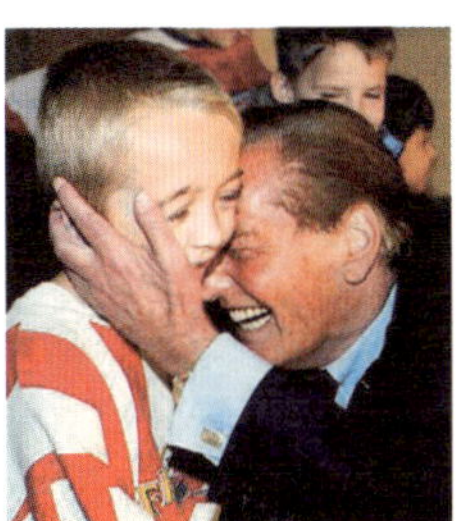

Die Welt ist ungerecht: Der DFB-Präsident hat sich von seinem überraschenden Weinkrampf auf diesem Bild längst erholt. Der kleine Junge dagegen hat immer noch ein stark deformiertes Gesicht.

„DIE ZEIT“ schrieb mal über ihn: *„MV sucht das Stammtischsystem zu retten. Er will nichts davon wissen, dass ein Sportverband mit 6,3 Millionen Mitgliedern wenig mit einem Sportheim im Schwäbischen gemein hat.“* Und genauso führt MV nun auch den DFB: Wenn ein neuer Bundestrainer gebraucht wird, missachtet der Patriarch alle eigentlich zuständigen Gremien, führt hier mal ein Gespräch und kungelt dort mal ein bisschen.

Männlich-herb und kompetent: Mayer-Vorfelder. Rechts ihr Mann.

Das hat zur Folge, dass er nicht mehr viele Freunde beim DFB hat. Einen wohl, bei Licht betrachtet. Jemand namens Jan L. ist so etwas wie MVs „bezahlter Freund“, darf die Präsidenten-Aktentasche tragen und ist irgendwie ganz wichtig. Christoph Daum soll auch eine Art Freund sein, sofern das geht. Denn wenn **das** wirklich eine Freundschaft sein soll, dann muss man sie vermutlich wegen beidseitigem Dopings annullieren. Nicht, dass er jemals ungesunde Dinge konsumiere, jedoch: „MV“ hat oft ein sehr rotes Gesicht und artikuliert unsauber. Das soll aber keine Unterstellung sein. Also zurück zu Christoph Daum: Es ist überliefert, dass der Beinahe-Bundestrainer gemeinsam mit Sozialpartnerin Angelika Camm mit einer Rose vor „MV“ niederkniete, als der auf der Party anlässlich seines 65. Geburtstages auf einer Bühne stand und „My Way“ sang. Manche Situationen möchte man sich lieber nicht zu genau vorstellen. Und im Übrigen hat die Rosengeste nichts genützt: Daum wurde trotzdem nicht Bundestrainer.

Schon immer eine verdammt hippe Socke mit einem Gespür für wirklich coole Frisurentrends: „MV" in den Siebzigern.

Nun gut. Jedes Kapitel sollte einen versöhnlichen Schluss haben, wenn's geht. Gerhard Mayer-Vorfelder hat vor gar nicht allzu langer Zeit einen schönen Erfolg gefeiert: Er wurde zum „Sprachpanscher des Jahres 2003" gewählt, weil er dem DFB eine Einrichtung namens „Fan Corner" bescherte, in der es Artikel wie „Home & Away Shirts", „Signature Shirts" und „Reversible Tops" zu kaufen gibt. Ist das nicht hammercrazy?

Eigentlich also irgendwie doch ganz schön groovy, dieser Typ.

Katastrophen aus Plüsch:

Bernie (Bayern München)

Berni am Tag seiner offiziellen Vorstellung. Noch ahnt niemand das Ausmaß des Skandals.

Mit Maskottchen und Fußball ist das so eine Sache. Wohl kein Fan der Welt hat jemals gedacht *„Verdammt, mein Verein bräuchte jetzt eigentlich langsam mal unbedingt ein offizielles Maskottchen!"*. Dennoch hat beinahe jeder Verein eins, um mehr Plüschkreaturen verkaufen zu können.

Die meisten aktuellen Bundesligamaskottchen sehen aber nun mal aus, als seien sie von demselben Psychopathen kreiert worden, der auf Rummelplätzen und Jahrmärkten für die Trostpreise der Losbuden zuständig ist. Und zwar für die Trostpreise der *billigen* Losbuden. Es gibt Firmen, die davon leben, dass irgendeine Marketing-Null irgendeines Vereins letztlich dann doch so umnachtet ist, das von ihnen konzipierte Dummtierchen zum offiziellen Maskottchen zu machen.

Ein debiles Lachen ist sein Markenzeichen. Daneben Berni, das Maskottchen.

Die beliebtesten (und daher einfallslosesten) Maskottchen der europäischen Fußballszene sind: Bären, Hühner, Tiger oder Hunde. Und immer wieder Löwen, Löwen, Löwen. Sehr selten genommen werden: Quallen, Stechfliegen, Schnecken oder Kellerasseln.

Und also laufen Maskottchendesigner der ganzen Welt hauptberuflich händeringend quer durch die Marketingbüros der Bundesliga und bieten ihre Tierchen an. So zum Beispiel auch einen bedenklich debil aussehenden Teddybären ohne Namen, den in der Bundesliga so ziemlich jeder Verein dankend ablehnte.

Dicke Sportsfreunde: Kalle Rummenigge und Berni

Nur einer nicht: Der FC Bayern München. Die gaben im Mai 2004 stolz die Verpflichtung ihres neuen Maskottchens *„Berni“* bekannt. *„Unser neues Maskottchen wird uns überall hin begleiten, egal, wo der FC Bayern hingeht“*, sagte Vorstands-Chef Karl-Heinz Rummenigge bei der Präsentation des Taps-Bären. *„Er hat ein sympathisches Gesicht. Die Attribute, die der Bär rüberbringt, sollen der Mannschaft helfen“*, so Rummenigge weiter. Über die Attribute, die man nun ausgerechnet mit so einer verheerenden Maskottchenvisage assoziiert, lässt sich freilich trefflich streiten.

Glück im Unglück: Bayern hätte auch dieses Maskottchen auswählen können.

Passend zum Berni-Drama wurde eine Musik komponiert, die man sich auf der Bayern-Homepage kostenlos herunterladen kann, und die jedes Mal dann ertönt, wenn „Berni“ das Stadion betritt. Es passt wunderbar ins Bild, dass diese Melodie bei genauerem Hinhören wie die verzweifelt-rhythmische Aneinanderreihung elektronischer Fürze klingt.

Nun also ist Berni offiziell im Amt. Sein Einstand für die Bayern geriet jedoch zum Desaster. Zunächst wurde bekannt: Der furzende Bär hat Leichen im Keller, und seine Inthronisierung ist mit einem sehr, sehr negativen Beigeschmack behaftet. Denn um ihm das Feld zu überlassen, wurde das (ebenfalls erschütternd hässliche) frühere Bayern-Maskottchen „Bazi“ zwangsweise in den Ruhestand weggelobt und von offizieller Bayern-Seite allen Ernstes mit einem feierlichen Akt, einer Ehrenurkunde und einem Blumenstrauß zum „Ehrenmaskottchen“ ernannt. In echt.

Ein Bild, das in der Seele wehtut: Bazi, ein gebrochener Mann, wird von einem breit grinsenden Bären in Rente geschickt.

Und, als wäre das nicht schon schlimm genug: Sein Name wurde einem früheren EM-Maskottchen gemein gestohlen. Hase „Berni“ sollte der deutschen Nationalelf Glück bringen bei der EM 1988 im eigenen Lande. Er versagte kläglich (EM-Aus gegen Holland!) und müht sich seitdem rechtschaffen um Rehabilitation und Comeback (s. www.rettet-berni.de!).

Verbittert: Bazi, das frühere Bayern-Maskottchen

Erwägt Zivilklage:
Der echte Berni (1988)

Sportlich sieht Bernis Bilanz bedrückend aus. Sein Heimspieldebüt war das legendäre 1:3 gegen Werder Bremen, das den Bayern bekanntlich die Meisterschaft verhagelte, und zwar sowas von. Bremen zauberte und schoss alle paar Minuten Törchen nach Bedarf, während der frischberufene Berni breit lachend, aber mit hängenden Schultern hinterm Werder-Tor rumstand wie Falschgeld, was in diesem Fall eine mittelschwere Beleidigung für Falschgeld ist.

So eiert Berni nun also bei den Bayern-Spielen herum und lacht dumm, egal was passiert. Die Bayern gurken durch ihre ersten Heimspiele unter Magath – Berni lacht dämlich. Die Bayern bekommen von Leverkusen das Fell über die Ohren gezogen – Berni lacht dämlich. Die Bayern werden durch die Haargel-Affäre erschüttert – Berni lacht dämlich. Eine Trennung vom umstrittenen Dumm-Bären ist derzeit *„noch kein Thema"* (Uli Hoeneß). Also wird er weiter lachen, egal was passiert.

Und vorher pupst es rhythmisch, wenn er einläuft.

BUNDES
LIGA
FC BAYERN
MÜNCHEN
.Com

Katastrophen aus Plüsch:

Goleo VI

(Dezember 2004)

Gut, ein paar Wochen sind vergangen. Vielleicht wächst auch tatsächlich irgendwann Gras über „diese Sache“. „Diese Sache“, das ist unser vor kurzem mit viel Medien-Tamtam präsentiertes, offizielles Maskottchen für die WM 2006. Ein gewisser „Goleo 6“, der – wenn es nach den WM-Organisatoren geht - schon in Kürze millionenfach die Kinderzimmer unserer lieben Kleinen bevölkern soll. Manche meinen aber auch, zehnjährige Starkraucher seien weniger bedenklich als gleichaltrige Goleo-Fans.

„Face Of The Year 2006“: Goleo

Damit also eins mal klar ist: Auf mein Kind lasse ich dieses Viech nicht los! Ein gestört schauender Löwe ohne Hose, der aussieht wie ein mir persönlich bekannter, mittlerweile etwas heruntergekommener erfolgloser Heavy-Metal-Schlagzeuger. Nein, nein, nein.

Sehen wir es mal kurz sportlich: Auf eine gewisse Art ist es auch imposant, dass ausgerechnet für eine nicht ganz unwichtige Veranstaltung wie die WM 2006 das Kapitel „Maskottchen, bei deren Planung gehörig was schief gelaufen sein muss“ um ein Desaster wie „Goleo“ erweitert wird. Gegen den Mann, der diese Kreatur schuf, war der legendäre

Dr. Frankenstein seinerzeit geradezu ein gemütlich-sanfter Heilpraktiker von sonnigem Wesen.

Zinedine Zidane fasst in genau diesem Augenblick einen festen Entschluss: Nach der WM 2006 ist endgültig Ende. Alles hat Grenzen.

Damit wir uns nicht falsch verstehen: Es gibt fantastische Maskottchen! *„World Cup Willie"* (England 1966), *„Juanito"* (Mexico 1970), *„Tip und Tap"* (Deutschland 1974) und *„Gauchito"* (Argentinien 1978) z.B. waren großartige Kerlchen, charakterlich einwandfrei, nett anzusehen, perfekte Botschafter des jeweiligen Gastgeberlandes. Vier Volltreffer hintereinander. Maskottchen, zu denen man wirklich aufschauen konnte! Folgerung: Da waren eben wirklich Design-Könner am Werk. Goleos Amtsvorgänger Tip und Tap z.B. sahen irgendwie nach Deutschland aus, waren drollig, trugen Hosen und hatten Namen, die nicht klangen wie eine katalanische Zahnpastafirma, um nochmal den direkten Vergleich zu diesem tumben Löwen zu ziehen.

The Golden Age Of WM-Maskottchen (I):
"World Cup Willie", offizielles Maskottchen der WM 1966 in England

The Golden Age Of WM-Maskottchen (II) : "Juanito", offizielles Maskottchen der WM 1970 in Mexiko

Böse Zungen behaupten nun ja sogar, wir Deutschen hätten uns mit diesem unkomischen, uncoolen, dümmlichen Schützenfest-Schießbuden-Billigkuschellöwen vor der Fußball-Welt blamiert. Ich würde das so nicht sagen. Ich würde sagen: Wir bestätigen damit das Bild, das man anderswo auf der Welt schon lange von uns pflegt. Zum Beispiel in Holland.

Schon 1970 haben wir eindrucksvoll demonstriert, dass wir die Sache mit den Maskottchen einfach nicht so beherrschen: Als Mexikos „Juanito“ die Herzen der Fußballwelt eroberte, kreierte Deutschland eine Art Gegenentwurf: „Pico“, das deutsche WM-Maskottchen 1970. Den kennt heute niemand mehr, und warum das so ist, zeigt die folgende Gegenüberstellung:

Links „Juanito“ (internationales Maskottchen 1970), rechts „Pico“ (deutsches Maskottchen 1970)

Aber gut, „Goleo 6“ (ein Name, der nebenbei bemerkt klingt wie eine Anti-Schuppen-Formel in irgendeinem neuen Shampoo) lässt sich wohl nicht mehr verhindern, auch wenn das sehr, sehr schlau wäre.

Manche Armhaltungen sollte sich ein deutsches WM-Maskottchen einfach mal verkneifen.

Erinnert sich noch jemand auf Anhieb an die Maskottchen der Weltmeisterschaft 2002 in Korea und Japan? Sie hießen Kaz, Nik und Ato und sahen aus wie fluoreszierende Klumpen auf Ecstasy.

Kaz, Ato und Nik (v.l.), die Maskottchen der WM 2002. Waren nicht so wahnsinnig erfolgreich, waren aber in der Entwicklung auch innerhalb von 40 Sekunden fertig gestaltet.

Wir haben sie verdrängt, und wenn wir viel Glück haben, wird uns das auch bei Goleo gelingen. Ob er als Glücksbringer taugt oder nicht, sehen wir dann im Sommer 2006. Ich befürchte das Schlimmste. Wenn wir so spielen, wie Goleo rüberkommt, dann werden wir von Burkina Faso oder Trinidad/Tobago amtlich weggefiedelt.

The Golden Age Of WM-Maskottchen (III) : "Tip und Tap", offizielles Maskottchen der WM 1974 in Deutschland

The Golden Age Of WM-Maskottchen (IV): "Gauchito", offizielles Maskottchen der WM 1978 in Argentinien

Dieses Kapitel ist gut für die deutsche Kolumne!

(Oktober 2004)

Nun wollen wir mal über eines meiner Lieblingsthemen reden: Muss man aus Patriotismus (oder sogar nur aus niederem, nacktem wirtschaftlichen Kalkül) in der Champions League den anderen Bundesligavereinen die Daumen drücken, egal ob man sie ansonsten mag oder nicht? Mir ist bewusst: Das Thema ist heikel, denn man weiß z.B. bei Uli Hoeneß ja nie, ob er es eigentlich ganz angenehm findet, wenn die Bayern so massiv ungemocht werden (manchmal drückt er sich ja schon entsprechend aus), oder ob er es für eine Frechheit und eine besonders perfide Variante des Landesverrats in einem extrem schweren Fall hält (auch das lässt er manchmal durchblicken).

Gut für den deutschen Fussball

Ich erinnere mich noch gut: Als ich klein war, drückte ich allen die Daumen, die Deutschland irgendwo vertraten: Bayern München, Schalke 04, sogar dem HSV – ich ekelte mich vor nichts. Und ich schäme mich nicht zuzugeben, dass ich sogar schon so betagt bin, dass ich mit kleinen, schwitzigen Kinderhänden dem MSV Duisburg und Eintracht Braunschweig die Daumen drücken musste. Heute ist das anders, und das bringt mir alljährlich dieselben Diskussionen ein: Muss man Bayern München die Daumen drücken, wenn sie gegen Tel Aviv oder Amsterdam spielen?

Manche meinen: Man muss! Weil (… und jetzt kommt einer der größten Alltime-Quatschsätze deutscher Fußballfans!!!): *„Das ist doch gut für den deutschen Fußball, wenn die weiterkommen!"* Wenn man diesen Satz mal hinterfragt, kommt nicht viel dabei raus. Warum soll es gut für den deutschen Fußball sein, wenn Bayern Tel Aviv schlägt? Lassen dann die Letten bei der nächsten EM gegen uns freiwillig einen rein? Geht Arsenal mit wackligen Knien auf den Platz, wenn sie in einer späteren Runde gegen die Bayern ranmüssen? Ist es hilfreich für die Reputation deutscher Fußballer, wenn der Niederländer Makaay, der Peruaner Pizarro, der Brasilianer Zé Roberto, der Argentinier Demichelis, der Bosnier Salihamidzic und der Franzose Sagnol schöne Erfolge mit ihrem Club feiern? Und wenn ja, warum? (Stille.)

Gut für den deutschen Fussball

Vorerst also keine Antwort. Zweites Argument der „Bayern-muss-man-die-Daumen-drücken-weil-das-doch-gut-ist-für-den-deutschen-Fußball!"-Mahner ist der sogenannte **UEFA-Koeffizient**: Je erfolgreicher die Deutschen in den Pokalwettbewerben abschneiden, umso mehr deutsche Teams dürfen vielleicht später mal mitspielen. Aber auch da die Gegenfrage: Na und? Bedeutet es einen großen Lustgewinn, wenn durch einen stark verbesserten UEFA-Koeffizienten irgendwann mal Hansa Rostock regelmäßig im UEFA-Cup spielen darf? Oder wenn Werder Bremen dauernd in der Champions League spielen darf, egal ob man Meister oder Zwölfter wird?

Nicht gut für den deutschen Fussball

Ich will das nicht. Ich bin da altmodisch: In einem Wettbewerb sollte man wegen eigener herausragender Leistungen mitmachen dürfen und nicht, weil wir einen schnuckeligen UEFA-Koeffizienten haben. Als ich anfing, mich für Fußball zu interessieren, musste man in der Bundesliga mindestens Fünfter werden oder den DFB-Pokal gewinnen, um international dabei zu sein. Und im Meister-Cup spielten nur Meister. Ich kann nicht behaupten, dass mir damals irgendwas Wichtiges gefehlt hätte.

Deshalb: Ich will international nicht Teams die Daumen drücken müssen, die ich national auch nicht so mag. Das wäre verlogen, oder? Ohne Namen zu nennen: Mancher deutsche Rekordmeister ist mir eher unsympathisch, gegen Tel Aviv und Amsterdam habe ich hingegen nichts. Weshalb sollte ich dann nicht zu der mir weniger unsympathischen Elf halten?

Oder anders: Wäre es gut für die deutsche Küche, wenn ich im Ausland engagiert für Bratwurst mit Sauerkraut eintrete? Wäre es gut für die deutsche Schauspielkunst, wenn ich am Broadway mit leuchtenden Augen über das Ohnsorg Theater referiere?

Einer eigentlich eher ungeliebten Mannschaft im Europacup die Daumen drücken, weil das gut wäre für den deutschen Fußball, das ist genauso aufrichtig und sinnvoll wie: Dieter Bohlen beim Eurovision Song Contest die Daumen drücken, weil das gut wäre für die deutsche Musik. Und – macht das einer von euch?

Will ich lieber gar nicht wissen.

Gut für die deutsche Schwachmatenszene

„Gehämmerte Scharfschützen-Granaten" (1958) vs. „Drin isser!" (1990)

(Oktober 2004)

Unter Zuhilfenahme kaum noch witziger Phrasen versuchen uns jungsche Fußball-Moderatoren in regelmäßigen Abständen weiszumachen, dass Fußball ganz einfach ist, immer schon war und eigentlich immer gleich funktioniert: *„Das Runde muss ins Eckige!"*, *„Die Wahrheit ist 60 mal 110 Meter!"*, *„Entscheidend is' aufm Platz!"* und dergleichen wird immer dann runtergebetet, wenn man als Moderator einer Fußballsendung mal gerade keine gute Moderation auf der Pfanne hat.

Interessant ist: Der Fußball selbst verändert sich in den Grundregeln zwar wirklich gar nicht so extrem, wie man manchmal denken mag, aber die Sprache derjenigen, die vom Beschreiben des Fußballs leben, ändert sich von Jahrzehnt zu Jahrzehnt.

Nehmen wir den durchschnittlichen Fußballreporter der fünfziger Jahre. Der konnte kein Spiel kommentieren, ohne Worte wie „Bombe", „Granate" oder „Torpedo" zu verwenden. Der Krieg war halt noch nicht lange her, und obwohl man damals eigentlich besonders sensibel hätte sein müssen, haben die Reporter nichts dabei gefunden, jeden halbwegs passablen Torschuss mit schwerem Kriegsgerät zu vergleichen. Und so gab es „Hoch-Bomben", „Gewalt-Granaten" und „Kopfballtorpedos". Ehrenwerte Heroen wie Uwe Seeler oder Helmut Rahn haben Zeit ihres sportlichen Lebens nichts anderes getan als gebombt. Und zwar in ihrer Funktion als Scharfschützen.

1958: Scharfschütze Seeler bombt eine Flachgranate!

Die späten sechziger und frühen siebziger Jahre waren dann das Zeitalter des zurückgenommenen, zuweilen kaum bemerkbaren Reporters. Granaten und Bomben starben langsam aus, bzw. sie waren halt explodiert oder geblindgängert. Ein Tor nannte man in der Regel vor allem „Tor!", und ganz wichtig war dabei: Bloß nicht aufgeregt oder gar begeistert klingen!

Ein Beispiel. Von, sagen wir mal ...1959. Da hätte ein Reporter ein schmackhaftes Seeler-Tor noch etwa so kommentier: *„Der Seeler, der Uwe, unser Goldjunge, da hämmert er eine Granate - Tooooooooooooooooo oooooooooor Tooooooooooooooooooooooooooor Tooooooooooooooooooor !!! Ein Bombentor!!! Ich schnappe über vor Glück!!!"*

Zehn Jahre später, also 1969, hätte sein Reporternachfolger dasselbe Tor ungefähr so kommentiert: „Seeler ... Tor. Gut gemacht."

Derartige Fußballpoesie hielt sich bis weit in die Achtziger hinein. Nach und nach und mit ansteigender Anzahl der Live-Reportagen stieg auch die Zahl der Reporter, die sich Gedanken darüber machten, wie man es vermeiden könne, bei einem Tor immer „Tor!" sagen zu müssen.

1970: Seeler .... Tor.

Und so entstand die heute noch gültige (geheime!) Fußballreporterfibel: Bei einem Tor ruft man als Reporter anno 2004 nun „Drin!" (Jörg Wontorra), „Drin isser!" (Thomas Herrmann), „Drin ist die Kirsche!" (Jörg Dahlmann) oder „Und da isses passiert!" (Marcel Reif).

2000: „Drin ist die Kirsche!!!" (J. Dahlmann)

Und dann sind da noch ein paar ganz wichtige Redewendungen neu dazugekommen. Bei jedem Kopfballtor aus kurzer Entfernung, das nach einem Torwartfehler zustande kommt, ist der Satz Pflicht: *„Na, wenn er rauskommt, muss er'n haben!"* Ganz wichtig ist neuerdings auch der Ausdruck *„irgendwo angekommen sein"*. Ein Spieler ist nach seinem ersten Tor *„endlich in der Liga angekommen"*. Eine Mannschaft ist nach ihrem ersten UEFA-Cup-Spiel *„in Europa angekommen"*. Ein Trainer ist nach der ersten Pressekonferenz, die er ohne Weinkrampf durchgestanden hat, *„endlich beim HSV angekommen"*.

Mit ein bisschen Glück ist dieses Kapitel nun auch im Buch angekommen.

vespa

Initiative zum Schutz bedrohter Fangesänge

...oder: „Wo bleibt denn das 1:0?“

(November 2004)

Wenn man als beinharter Fan einer Fußballmannschaft aus dem Stadion kommt, ist man vor allem eines: HEISER. Wer gut bei Stimme, entspannt und ohne Erschöpfungserscheinungen von einem Fußballspiel kommt, sagt entweder die Unwahrheit, hatte eine Vollnarkose oder ist aus purer Bequemlichkeit Fan einer Mannschaft, die eh meistens gewinnt. Wer dagegen sein Fansein LEBT, der ist nach einem Spiel groggy, kaum ansprechbar, eher still. Wenn es ein Phänomen wie „Jet-Lag“ gibt, dann gibt es definitiv auch so etwas wie „Match-Lag“.

Zu etwa 50% (private Schätzung) liegt das an nervlichen Dingen. Die andere Hälfte ist stimmlich bedingt: Wer irgend kann, verbringt ein Spiel seines Vereins so laut wie möglich. Das Interessante dabei: DASS etwas gebrüllt oder gesungen wird, ist seit über 100 Jahren gleich. WAS aber gesungen wird, hat sich in den letzten 25 Jahren massiv verändert. Und weil es hier um einen Kulturschatz geht, möchte ich an dieser Stelle den geneigten Leser dafür sensibilisieren, einige der vom Aussterben bedrohten Rufe oder Gesänge vor dem Vergessen schützen.

Hier also die sentimentale Liste völlig aus der Mode geratener Fangesänge (die Vereinsnamen sind jeweils per Zufall als reine Beispielfüllworte gewählt):

1.) „Oh, mir tun die Augen weh, wenn ich Eintracht Braunschweig seh'!"

(Melodie: „Gloryland")

Hat sich irgendwann erledigt, weil es den Gästefans im Siegfall egal ist, ob ihre Eintracht dem Gegner Augen-Aua verursacht. Und im Fall einer Niederlage ist erst recht alles egal. Seit ca. 1980 in keinem Stadion mehr zu hören gewesen.

2.) „Buiiih!"

Ein Phänomen: Bis ca. 1975 war „Buiiih!" mit das Meistgebrüllte in deutschen Stadien. Rätselhafterweise fiel irgendwann gegen 1978 das *„...iih"* am Ende weg. Es blieb „Buuuh!". Dieser Schlachtruf (in der Regel bei Missfallen – sehr selten nur als Aufmunterung gedacht) überlebte aktiv bis ca. 1985. Heute nur noch von Bommelmützenträgern Ü 55 auf der Sitzgeraden gepowert.

3.) „Halt mich fest, halt mich fest, halt mich fest Marieee! Bei der Eintracht spielt ein Mann das ist der Grabowskiiii!"

(Melodie: „Jingle Bells")

Regional und zeitlich begrenzter Fangesang, weil sehr eng an den Namen *„Grabowski"* gebunden. Würde einiges von seiner Imposanz einbüßen, wenn man ihn mit Namen wie *„Makaa-aaa-aaay"* oder *„Charisteas"* auf einen neuen Stand brächte. Wäre eventuell als Remake mit dem Namen „Podolski" denkbar. Dafür müsste er aber erst mal zur Eintracht wechseln. Und das möge Gott verhüten, lieber Lukas.

4.) „Schiedsrichter Telefon, deine Oma wartet schon!“

Ein Fanchor, dem man (hoffentlich) intellektuell spätestens mit der Vollendung des zwölften Lebensjahres entwachsen sein sollte. Nie geklärt werden konnte, worauf genau die Oma wartete. Wurde wohl auch deshalb Anfang der achtziger Jahre abgelöst durch „Schiri, wir wissen wo dein Auto steht!“

„Oma...?“

5.) „Borussia Dortmund, ei-ei-ei-ei!“

Der Verbleib der „Ei-Ei-Eier“ konnte nach dem plötzlichen Verschwinden dieses Fanchors aus den Fanblocks der Liga ca. 1978 (in den neuen Bundesländern: ca. 1992) nie abschließend geklärt werden. Sachdienliche Hinweise bitte an mich. Oder an Olli Kahn („Eier, wir brauchen Eier! Verstehen Sie?“)

6.) „Wo bleibt denn das 1:0?“

Der Wortlaut variierte je nach Spielstand. Wurde besonders populär durch die Fans der DDR-Nationalelf bei der WM 1974. Nicht abschließend klären lässt sich, ob der Sprechchor als Ansporn oder Kritik gemeint war. Verschwand wahrscheinlich auch deshalb aus den Stadio.

7.) „Oleeee, oleeee, oleee, oleee!“

Rätselhafter Sprechchor, in dem kein Vereinsname vorkam. Einfach nur „Olé“. Komisch. Egal. Ruft keiner mehr. Die Melodie lebt allerdings bis ins 21. Jahrhundert weiter und ist jetzt bekannt unter dem Namen *„Ihr seid zuuu blöööd!“*.

8.) „Kling Glöckchen klingelingeling…“

Es existierten verschiedene Textversionen. Stellvertretend sei genannt: *„Kling Glöckchen klingelingeling, kling Glöckchen kling – Die Eintracht die wird Meister, Bayern wird nur zweiter, bei Schalke wird's schon knaa-aapp, und Offenbach steigt aaa-aab.“* Spätere Variante: *…“Verein XY wird nur Driiiitter, oh wie ist das biiiitter.“* Das Schicksal dieses Sprechchors ist bis heute ungeklärt. Bekannt ist nur: Die Eintracht wurde nie Meister. Vielleicht hat er einfach irgendwann nur noch genervt.

9.) „Hi ha ho – Gladbach ist k.o.!“

Phonetisch durchaus ansprechend. Das Dahinscheiden dieses Gesangs darf als Verlust für die deutsche Schmährufszene gewertet werden.

10.) „Duisburg weg – hat kein' Zweck“

Sprachlich etwas holprige und inhaltlich unzureichende Variante des *„Hi ha ho“*-Gesanges. Es muss natürlich korrekt *„…hat kein**en** Zweck“* heißen. Und wenn man mal dabei ist: Weshalb genau hat der Gegner *„keinen Zweck“*? Würde man lieber nur die Heimelf sehen? Wäre das nicht noch viel zweckloser?

Dieses Thema setze ich bestimmt irgendwann mal fort. Muss jetzt aufhören. Meine Oma wartet schon.

1980 - Die EM der Pornodarsteller

...oder: Herr Wittrock packt aus!

(November 2004)

Eigentlich wollte ich an dieser Stelle eine Kolumne schreiben, in der unbedingt der Satz *„Dieser Unsinn mit dem passiven Abseits muss endlich aufhören!“* vorkommen sollte, weil der inzwischen in jeder Sportsendung auftaucht, die etwas auf sich hält.

Aber als ich gerade sinnierte, ob passives Abseits nicht vielleicht sogar ganz dufte ist, stolperte ich bei Recherchen nach den großartigsten Abseits-Fehlentscheidungen der letzten 24 Jahre über mein Panini-Album zur Europameisterschaft 1980. Und aus war‘s mit dem passiven

Abseits. Ich schmökerte und schmökerte, und als ich das eselsohrige, vergilbte Album mehrere Stunden später zur Seite legte, reifte in mir die Erkenntnis, dass 1980 offenbar ein ganz bizarres Jahr gewesen sein muss - prallgefüllt mit deprimierenden Dauerwellen (sehen in vielen Fällen aus wie Karnevalsperücken aus dem Supermarkt) und vor allem: SCHNÄUZERN! Und überhaupt sahen damals alle ganz seltsam aus - inklusive des Maskottchens, dem man allerdings eine gewisse Ähnlichkeit mit Hasan Salihamidzic bescheinigen darf.

Hasan Salihamidzic

Der Bundestrainer zum Beispiel hieß seinerzeit Jupp Derwall und sah exakt so aus wie der etwas ältere Herr, der zu Zeiten meiner Kindheit in meinem Supermarkt in Kirchweyhe immer hinten im Lager die Kartons ausgepackt hat. Aber das ist wieder ein anderes Thema.

Neben dem Kirchweyher Kistenauspacker tummelten sich bei der EM 1980 viele alte Bekannte. Werders Sportdirektor Klaus Allofs war dabei und wurde sogar Torschützenkönig des Turniers. Allofs ging erst viele Jahre später als Profi nach Frankreich, sah aber damals schon aus wie der juvenile Liebhaber aus einem Truffaut-Film. Dann war da noch Huub Stevens. Der sah nicht aus wie ein junger Liebhaber. Er sah einfach nur seltsam aus und auch noch nicht wie ein lausiges Jack-Nicholson-Double - so wie heute.

In Wirklichkeit Herr Wittrock aus Kirchweyhe

Torschützensportdirektorkönig

Jack Nicholson mit Haaren

Eric Gerets (remember?) hätte mit seinem Look besser Lehrer werden sollen (Sekundarstufe 1, Naturwissenschaften). Er sieht aber dennoch um Längen schnuckeliger aus als, nur mal so als Beispiel, Terry McDermott. Sagen wir's, wie es ist: Der Brite kommt rüber wie ein besonders ausgebuffter Pornodarsteller. Und praktischerweise hat er scheinbar mit dem Kollegen Viv Anderson eine lebende Erotik-Puppe in seinem Team (siehe Foto).

Was Viv Anderson und Terry McDermott bei dieser EM so alles getrieben haben, weiß ich nicht. Um zum Schluss noch vom Thema abzulenken, weiß ich aber eines ganz genau: Dieser Unsinn mit dem passiven Abseits muss endlich aufhören.

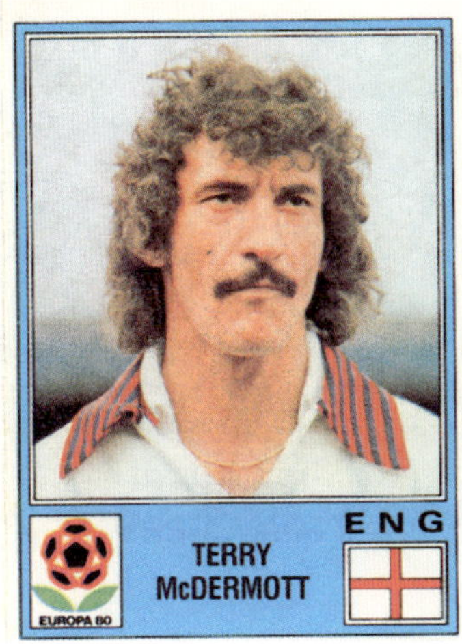

Unter'm Nationaltrikot wird gejodelt

Physik und Chemie bei Herrn Gerets war immer besonders langweilig

Abwaschbar

Meine größten Erfolge als Fußballer

(Dezember 2004)

Die Überschrift klingt diesmal wie ein Schulaufsatz, und sie führt irre. Ein wenig. Denn wenn ich mal ganz ehrlich bin, und das will ich hier ausnahmsweise mal sein (es heißt ja schließlich immer „Kinder, Betrunkene und Stadionsprecher sagen die Wahrheit!"), dann habe ich die größten Szenen als aktiver Fußballer nicht auf dem Rasen erlebt, sondern auf dem Tipp-Kick-Spielfeld.

Das Schöne an Tipp-Kick ist: Man konzentriert sich auf die wesentlichen Dinge des Fußballs. Kein Taktik-Schnickschnack, keine Europacup-Arithmetik, keine Adduktorenbeschwerden, kein Ballgeschiebe – jeder Ball wird aufs Tor gewemst, mit der rechten Klebe.

Die rechte Klebe bestand in meinen Anfangstagen als Tipp-Kick-Freak noch aus einem aerodynamisch höchst abenteuerlichen Klumpfuß, der frappierend an eine Kriegsverletzung erinnerte. Mit diesem Fuß konnte man nicht schnibbeln und kaum schlenzen, nein: Es musste geradeaus gesemmelt werden, was der Flunken hergibt. Gegen meinen älteren Bruder hatte ich in meinen Anfangstagen kaum eine Chance. Ich hielt ihn für gedopt, aber wahrscheinlich hatte er die „Naturgesetze rund um das optimale Treffen eines eckigen Balles mit einem runden Klumpfuß" einfach nur besser verstanden.

> ***„Das letzte mal als ich 3:7 verloren habe, war gegen meinen Bruder im Tipp-Kick!"***
> (Peter Neururer nach einer 3:7-Niederlage mit seinem damaligen verein Hertha BSC in München)

Aber ich holte auf. Irgendwann begriff ich, dass der Ball eine beängstigende Wucht bekam, wenn man das Schussbein mit dem rechten Zeigefinger festhielt, mit links auf den Schussknopf oben auf der Omme drückte und irgendwann den Schussfuß losließ. Achtung - bitte nicht probieren! Der daraus resultierende Schuss kann ein Pferd töten.

Okay, ein bisschen rumprobiert haben wir dann noch: Jeweils einen zweiten Spieler durch Herstellen eines Plattfußes per Metallfeile zum Heber-Spezialisten umfunktioniert. Mein Bruder hat seinem Kicker einen schwarzen Vollbart gemalt, damit der aussah wie *Gerd Müller*. Mein Spieler bekam blonde Haare und war dann *„Werner Görts"*, bis an sein trauriges Karriereende (abrupte Sportinvalididität durch verbogenen Schussknopf). *Werner Görts* (also mein rechter Zeigefinger) wurde besser und besser, *Gerd Müller* verlor häufiger. Wir haben nicht Buch geführt, aber so gegen 1979 hatte ich erstmals eine positive Bilanz gegen meinen Bruder. 1981 verwandelte ich einmal eine Ecke direkt. Mit Werner Görts' Nachfolger *„Reinders"*.

Strikt abgelehnt haben wir grundsätzlich diese robotermäßig anmutenden Hi-Tech-Kicker, die zwar wahrscheinlich jeden Ball automatisch ins Plastiktor zaubern, aber dafür irgendwie mehr nach Paralympics aussehen.

Nein!

„Reinders“, „Gerd Müller“ und *„Werner Görts“* (der Arme!) ruhen heute friedlich in irgendeiner von meinem Papa säuberlich beschrifteten Spielzeugkiste auf einem Kirchweyher Dachboden. In ihre Fußstapfen treten jedes Jahr die Spieler im jeweils aktuellen Werder-Design. Mein jetziger Spieler ist optisch ziemlich eindeutig Nelson Valdez (ca. 2004, noch mit kurzen Haaren).

Nelson Valdez

Meinen Bruder sehe ich heute nur noch selten. Weil ich irgendwann zu gut wurde, ist er weggezogen.

Olli Kahn, Yokohama, 30. Juni 2002 (in Wirklichkeit aber sehr alter Tipp-Kick-Keeper)

Der große Test: war Fußball früher wirklich schöner?

(März 2006)

Früher war alles besser. Sagen immer alle. Besonders im Zusammenhang mit Fußball. Ich glaube ja auch, dass da was dran ist, was aber nicht am gebotenen Fußball liegt, sondern mehr an seinen Begleiterscheinungen. Der Fußball selbst war vor allem langsamer und sah bis in die sechziger Jahre hinein selbst in WM-Endspielen so gemächlich aus, als könnte man da mit ein bisschen Übung auch selbst noch ganz gut mithalten. Es sind zwar mehr Tore gefallen, aber nicht, weil die Stürmer besser waren, sondern weil die Verteidiger damals entweder schnell waren oder technisch gut oder kräftig oder schlau, aber nie alles gleichzeitig.

1954 endete ein WM-Spiel zwischen der Schweiz und Österreich 5:7, weil der Schweizer Torwart Eugene Parlier im falschesten Moment einen Sonnenstich bekam und nicht ausgewechselt werden durfte. So etwas gibt es heute nicht mehr. Ein bisschen schade ist das schon. Andererseits: Einige bekannte, populäre Torhüter spielen seit vielen Jahren ja auch mit Sonnenstich durch und werden nicht ausgewechselt.

Vergleichen wir einfach mal Spiel, Begleiterscheinungen und Persönlichkeiten, um zu entscheiden, ob der Fußball wirklich besser war, damals. Zunächst mal:

Der Ball

Vor 40 Jahren waren die Spielgeräte zeitlos elegant und schick und aus handfestem Material. Jetzt sehen sie aus wie Psychopharmaka und sind wahrscheinlich auch unter Drogeneinfluss designt worden. Das Material heißt nicht mehr Leder, sondern Polyamid oder Trichlorethylen oder irgendwie so, und die Bälle fliegen nicht mehr in die Richtung, in der man sie tritt, sondern irgendwie anders. Weiß auch nicht so genau.

Früher: *Bälle wurden aus Steingut oder Keramik geformt. Man hatte ja sonst nichts.*

Heute: *Bälle aus modernen Materialien gehen auch ins Tor, wenn man danebenschießt.*

Der Fan

Vor 40 Jahren putzten sich Fußballfreunde nett heraus, waren ulkig anzusehen und gingen gutgelaunt zu den Spielen ihrer Lieblingself, um einen schönen Nachmittag zu verleben. Jetzt ... tragen sie zumindest keine Hüte mehr. *(bitte umblättern)*

Früher: *Die Fankultur hat schon immer bunte Typen hervorgebracht, die die Tribünen optisch bereichert haben*

Heute... *hält sich die optische Bereicherung manchmal allerdings in Grenzen.*

Trainingsmethodik

Früher waren Trainer zumeist brüllende, massige Respektspersonen mit Trillerpfeife, die ihre Spieler vor allem auf der Basis von Kniebeugen, Zirkeltraining und Sackhüpfen zu Athleten zu formen versuchten. Mit wechselhaftem Erfolg, wie wir etwas weiter hinten sehen können (aber jetzt trotzdem gefälligst erst mal schön hier weiterlesen, Freunde der Sonne!). Heute ist das Training eine Wissenschaft für sich, Fitnessgurus aus den USA werden rekrutiert, die Übungen werden vielschichtiger und ein ganzer Trainerstab gibt sich allergrößte Mühe, das Training trotz viel größerer Vielfalt trotzdem irgendwie langweilig zu gestalten.

Früher: *Bei den Wolverhampton Wanderers waren 1963 die sogenannten „Huckepack-Reiterkämpfe" Trumpf (nach dem bis heute völlig zu Recht unterschätzten Trainingswissenschaftler Sir Edward Huckepack). Links Bobby Mason auf Gerry Harris, rechts (chancenlos) Norman Deeley auf Malcolm Finlayson. Paradox: Als Wolverhampton noch Huckepack trainierte, zählte das Team in England zur Ligaspitze. Seit der Einführung neuerer Trainingsmethodik ist die Elf in die Bedeutungslosigkeit abgesackt. Jedenfalls im Fußball. Im Huckepack sollen sie weiterhin große Klasse sein.*

Heute: *Lukas Podolski erfährt hier im Einzeltraining mit dem Kölner Physiotherapeuten am eigenen Leib, was es bedeutet, wenn ein Verein einen Spieler „unbedingt halten will". Unschöne, ungewollte, rötliche Arschgeweihe beim Lizenzspieler entstehen übrigens, wenn der Physiotherapeut die Gummibänder überraschend loslässt („Methode Lorant").*

Rudi Assauer

Den jetzigen Manager von Schalke 04 nannte man in den siebziger Jahren den „schönen Rudi". Damals war er noch den schönen Dingen des Lebens zugetan. Heute verwechselt er in Werbespots seine Sozialpartnerin mit einem Glas Bier („Genau richtig! Lecker!") und fällt Treppen herunter, wenn er nicht gerade fremde Spieler mit Geld zuschmeißt. *(bitte umblättern)*

Früher: *Rudi Assauer zählte 1974 zu den schönsten Männern der Welt.*

Heute: *Der heutige „Mr. Schalke" besitzt immer noch eine Mordsausstrahlung.*

Durchtrainierte Spielerkörper

Über Unterschiede in der Gestaltung des Trainings sprachen wir ja schon. Daraus resultierend hatten die Stars früher natürlich auch andere Proportionen als diese heute.

Früher: *Alex James zählt zu den größten Stars, die Arsenal London jemals hervorgebracht hat. Er litt an Rheuma und trug deshalb längere Spezialunterhosen, die er wiederum durch besonders „baggy" geschneiderte Sporthosen verdeckte. James war ein Megastar seiner Zeit. Es ist dennoch nicht anzunehmen, dass sein Poster in vielen Zimmern pubertierender Mädchen hing.*

Heute: *Cristiano Ronaldo bekommt Gelbe Karten in hoher Zahl, weil er jede sich bietende Gelegenheit nutzt, um auf dem Platz sein Trikot auszuziehen. Nach Toren ist das okay. Albern wirkt es aber z.B. bei Einwürfen.*

Gutaussehende Fußballstars

Früher war man sich einig, dass Fußballer nicht unbedingt schön sein müssen. Sie mussten gut grätschen, weit schießen, hoch springen, brutal foulen, Mund halten. Heute ist das anders: Fußballer haben ihre eigene Modelinie, ihren eigenen Herrenduft, es gibt sie als Action-Figur für's Kinderzimmer und als Fototapete.

Früher: *Bob Charles vom FC Southampton hatte keinen eigenen Herrenduft. Und wenn, dann möchte ich den auch lieber gar nicht kennen.*

Heute: *David Beckham gilt als schönster Kicker des Universums und spielt deshalb nur noch dann Fußball, wenn es sich überhaupt nicht vermeiden lässt.*

Sanitäre Anlagen

Einige der größten Momente im Leben von Profikickern spielen sich nicht auf dem grünen Rasen ab, sondern im sogenannten „Entmüdungsbecken“, in das die Spieler nach einem Spiel –wie der Name schon sagt– müde hineinplumpsen, um es anschließend unmüde wieder zu verlassen. Und weil „nach dem Spiel“ bekanntlich „vor dem Spiel ist“, ist es ja auch nachvollziehbar, dass schwerbeschäftigte Spieler direkt nach dem Abpfiff eines Spiels direkt mit der Regeneration beginnen sollten. Vor vier Jahrzehnten war dieses Bewusstsein noch nicht ganz so ausgeprägt.

Der FC Blackpool besaß in den sechziger Jahren legendäre sanitäre Voraussetzungen. In diesem Entmüdungsbecken war man Mensch, hier durfte man's sein. Einziger Nachteil: Es kam immer wieder vor, dass Profifußballer beim Entmüden in Blackpool ungewollt schwanger wurden. Im Bild sehen wir die zum Zeitpunkt der Aufnahme noch kinderlosen Profis Malcolm Allison, Glyn Pardoe und Colin Bell (Manchester City). (Nicht im Bild sichtbar: Tony Book, Francis Lee, Joe Corrigan)

Im großzügig geschnittenen Entmüdungsbecken des FC Bayern München liegen für die Spieler stets Champagnerflaschen und Meisterschalen in ausreichender Anzahl bereit.

Flitzer

Wenn im Stadion ein offenbar verwirrter Mensch in unzureichender Kleidung über das Spielfeld sprintet und die Zuschauer belustigt zusehen, muss es sich nicht unbedingt um einen Spieler des 1.FC Köln handeln. In der Regel redet man von „Flitzern“. Das Phänomen spielfeldstürmender Sonderlinge stammt aus England und erlebte in der Bundesliga Blütezeiten und Latenzphasen. Ziel eines Flitzers ist es normalerweise, sich entweder von übermotivierten Polizisten windelweich prügeln zu lassen oder Oliver Kahn zu umarmen.

Früher: *Die Flitzer waren wohlgeraten, besaßen gute Manieren und gaben sich bei der Wahl der Garderobe große Mühe. Hier im Bild sehen wir ein Mädchen in der walisischen Nationaltracht, das von Swanseas Brian Hughes lächelnd vom Feld komplimentiert wird. Hughes denkt voraussichtlich gerade:* ***„Komisch – ein Mädchen in walisischer Nationaltracht!“*** *Die anwesenden Ordnungskräfte (nicht im Bild) denken zeitgleich:* ***„Dieser Rotznase verpassen wir gleich eine amtliche Nationaltracht Prügel!“***

Heute: *Weitaus mehr Würde und Grandezza strahlt dagegen dieser HSV-Fan aus. Keine alberne walisische Nationaltracht, einfach nur eins sein mit sich und der großen, weiten Fußballwelt. Dazu ein lockerer Trab, keine hektische Flucht vor dem Ordnungspersonal. Das Gesicht verrät unbändigen Stolz:* ***„Und Paps dachte immer, aus mir wird nichts Anständiges!“*** *Zum Zeitpunkt der Aufnahme war es übrigens so mittelkalt.*

Ehrungen

Eine Ehrung ist im Leben eines bekannten Fußballers immer ein tolles Ereignis. Zumindest dann, wenn es sich nicht um die Ehrung zum „viertbesten Spieler des Hallenturniers vom TSV Leeste" handelt, sondern z.B. um die Ehrung zum „Weltfußballer des Jahres". Aber nicht nur Rahmen und Bedeutung der Ehrung unterscheiden sich. Auch Stil und Preise haben sich gewandelt.

Früher: *Bobby Charlton wird zum „Fußballer des Jahres 1966" gekürt. Während Charlton sich sichtlich um Fassung bemüht, bekommt er vom Präsidenten des britischen Fußballverbandes ein 16-teiliges Besteck-Set überreicht. Vermutlich mit den Worten: „Ich dachte, diesmal vielleicht was Praktisches...?" Charlton wiederum murmelt etwas von „...wäre doch nicht nötig gewesen", woraufhin der Herr links sich einschalten: „War ein Sonderangebot. Da haben wir zugeschlagen!"*

Heute: *Ronaldinho küsst einen Goldenen Ball. Fußballtrophäen werden mittlerweile grundsätzlich geküsst, meistens auf dringende Bitten phantasieloser Pressefotografen hin. Ein bisschen betrüblich ist es schon, dass sich dieser Brauch erst in den siebziger Jahren durchsetzen konnte. Das Motiv „Bobby Charlton küsst gerührt ein Tranchiermesser" wäre heute unschlagbar.*

Schicke Spielkleidung

Es ist ja nun nicht so, dass Spielkleidung früher nicht auch schick war. Definitiv wurde sie damals aber mit viel mehr Liebe hergestellt als heutzutage.

Früher: *Wilbur Cush (Leeds United) macht gute Miene zum bösen Spiel. Dass die aus einem Sofakissenbezug selbstgeschneiderte Turnhose da kneift, wo es besonders wehtut und das Schlafanzug-Oberteil auch schon bessere Tage gesehen hat ... geschenkt. Aber dass er jetzt auch noch in grünen Wollsocken spielen muss, wird er Tante Dorothy nie verzeihen.*

Heute: *Jorge Campos (Mexiko) hat gar keine Tante Dorothy, weshalb er dummerweise das tragen muss, was ihm Cousin Felipe günstig besorgen konnte. Und zwar dem Aussehen nach in einem Verkaufslager für Proll-Bedarf, für zusammen kaum mehr als 2 Dollar.*

Physiotherapeuten

Ihnen ist die Gesundheit unserer Helden anvertraut. Kein Wunder, dass Physiotherapeuten innerhalb der Vereine eine Schlüsselrolle innehaben. Das war schon immer so. Vorausgesetzt, der Verein beschäftigte einen Physiotherapeuten.

***Früher:** Beim FC Middlesbrough übernahm in den sechziger Jahren kein Arzt, sondern Assistenztrainer Harold Sheperdson das Verarzten von Wehwehchen. Wie wir auf diesem Bild sehen, waren Kniebandagen damals der große Hit. Wann immer also ein Spieler über Beschwerden klagte, bekam er vom Assistenten des Coaches eine Kniebandage. Auch bei Schädelplatzwunden.*

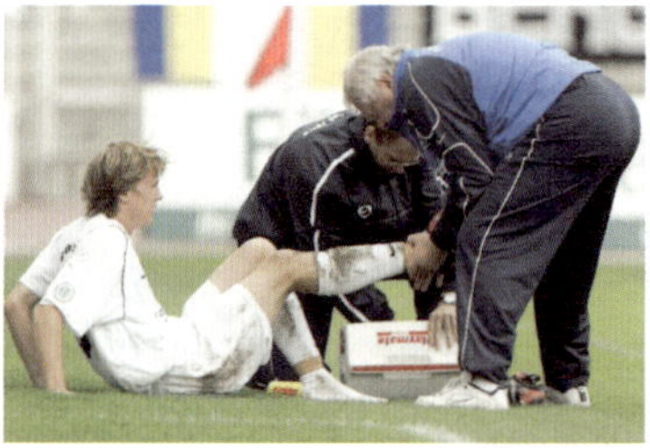

***Heute:** Die Physiotherapeuten sind hochbezahlte Spezialisten, und natürlich beschäftigt man solche Fachkräfte nicht aus Jux. Und auch nicht aus Dollerei. Und weil beim FC Carl-Zeiss Jena das Geld auch nicht so locker sitzt, werden hier konsequent Nägel mit Köpfen gemacht: Spieler Ralf Schröder (Name geändert) (richtig heißt er Ralf Schmidt) wollte eigentlich nur kurz an die Trinkflasche, aber der sich schon längere Zeit merkwürdig unterfordert fühlende Physio (Bildmitte) greift ein. Dessen Assistent (rechts) bricht dem Spieler aus einer Laune heraus gekonnt den Mittelfuß, damit der Physiotherapeut also endlich eingreifen kann. Selbstverständlich verpasst der Physio dem Spieler fürsorglich eine dicke Kniebandage.*

Fachleute

Zwar wissen Fans viel über Fußball, doch wollen sie gerne alles wissen. Um Fußballfreunde in aller Welt über die Vorgänge hinter den Kulissen zu informieren, braucht man Leitartikler, oder wie sie im

Fußball heißen: Kolumnisten. Die gab es schon immer. Manche behaupten sogar, Fußballkolumnisten gab es schon lange, bevor Fußball erfunden wurde. In Deutschland verteilen sich die bedeutendsten Kolumnisten auf die beiden größten Sportmagazine „Kicker“ und „Sport-Bild“. Die Kolumnisten der „SPORT-BILD“ erkennt man zunächst einmal am Haar-Gel und danach vor allem daran, dass sie in der einen Woche in vier Sätzen erklären können, weshalb man *„Jürgen Klinsmann doch mal bitte in Ruhe arbeiten lassen soll“* und vierzehn Tage später in vier Sätzen erklären, *weshalb „Klinsmann endlich weg muss“*. Sonntags sitzen sie im „DSF-Doppelpass“ und erklären Udo Lattek, welcher Verteidiger aufgrund seiner von „SPORT-BILD“ ermittelten Zweikampfstatistik längst in die Nationalelf gehört. Der „KICKER“ agiert da etwas unaufgeregter. Das ist auch kein Wunder, denn KICKER-Kolumnistenikone Karl-Heinz Heimann hat große Übung in der Disziplin *„Unaufgeregtes Agieren auf Kolumnenseiten“*. Heimann *„dreht“* seit der Stummfilmzeit *„den Scheinwerfer“*. Zumindest heißt seine Kolumne so.

Früher: *Eine englische Fußballkolumne aus den Sechzigern hieß „JOHN MACADAM REMEMBERS“. Es ist nicht ganz nachvollziehbar, woran er sich erinnerte. Auch John Macadam selbst erinnert sich nicht mehr. Wenn man's mal recht überlegt, wäre das aber ein viel schönerer Kolumnentitel: „JOHN MACADAM ERINNERT SICH NICHT MEHR“.*

Heute: *Karl-Heinz Heimann dreht den Scheinwerfer. Er dreht ihn seit ungefähr vier Jahrzehnten und musste bestimmt immer mal wieder die Birne auswechseln. Heimanns Kolumne besticht durch faire, bedächtige Analyse fernab von populistischer Brüllaffenmentalität. Allerdings wäre sie noch eine ganze Klasse spektakulärer, wenn Heimann sich einen sogenannten „John Macadam-Bart“ stehen lassen würde.*

Glücksbringer

Auf Maskottchen im unmittelbaren Wortsinn gehe ich in diesem Buch an anderer Stelle ausführlich ein. Es verdient allerdings in diesem Kapitel durchaus Erwähnung, dass sich auch auf dem Sektor der Maskottchen aus Fleisch und Blut im Laufe der Jahrzehnte Umwälzendes getan hat.

Früher: *Beim traditionellen Derby Everton – Liverpool im berüchtigten Goodison Park ist der erste Anblick der hochkonzentrierten Spieler beim Einlaufen ins brodelnde Stadion die „Everton Toffee Lady", für die der Begriff* ***„wie Falschgeld irgendwo rumstehen"*** *wohl mal erfunden worden sein muss. Beachtenswert ist das Schild auf ihrem Bauch: Die Dame gehörte der „Everton Supporter Federation" an, also einem Zusammenschluss der Everton-Fans, oder mit anderen Worten: Sie war so etwas ähnliches wie ein wichtiger Teil des Evertoner Fanprojekts. Vielleicht sollte man die Wiedereinführung von Toffee-Ladies als Mahnmal gegen Rassismus in den Stadien oder als streitbare Fürsprecherinnen* ***„pro 15:30"*** *und* ***„contra Kommerz"*** *für die Bundesliga einmal überdenken?*

Heute: *Die Spieler werden von niederschmetternd aussehenden Individuen wie dem „Nürnberger Ritter" empfangen und schaffen es -wie hier der ehemalige Club-Stürmer Sasa Ciric- nur mit allergrößter Kraftanstrengung, auf lustigen Fotos nicht zu weinen. Seine Gedanken sind dem Gesichtsausdruck deutlich ablesbar:* ***„Warum eigentlich wir nicht chaben auch Toffee-Lady?"***

Ewald Lienen

Ewald Lienen ist im Prinzip eine der ganz sympathischen Figuren der Fußballszene. Rätselhafterweise hat er sich ca. Mitte der neunziger Jahre entschlossen, auf immer dieselbe Art und Weise als Trainer zu scheitern: Er übernimmt einen Verein, hat dort Erfolg und begeistert Spieler, Fans und Vorstand im Eiltempo. Dann werden die Ergebnisse durchwachsen und die Euphorie schwindet etwas. Und schließlich werden die durchwachsenen Ergebnisse richtig schlecht und Lienen beschimpft bei jeder sich bietenden Gelegenheit kollektiv alle deutschen Sportjournalisten im Allgemeinen, und die Ortsansässigen im Speziellen. Komischerweise finden die das nicht gut und berichten anschließend nicht mehr ganz so wohlwollend. Und dann geht es auch nicht mehr lange.

Was die Außendarstellung im Laufe der Jahrzehnte angeht, mutet Ewald Lienen höchst seltsam an. In den Siebzigern und Achtzigern galt er als unbequem, als links, als „der andere Profi“ mit Matte und Ziegenbart. Zwei Jahrzehnte später, im August 2003, stand er als Trainer von Borussia Mönchengladbach an der Seitenlinie, als seine Mannschaft am heißesten Tag des Jahres mit 1:2 in Bremen verlor. Bei 38 Grad im Schatten, jeder Mensch im Stadion war so nackt wie nur möglich, entschied sich Lienen für Anzughose, langärmeliges Hemd und Krawatte.

Schön ist, dass wenigstens manche Dinge im Leben des Fußballtrainers konstant geblieben sind: *(bitte umblättern)*

Früher: *Ewald Lienen dribbelt sich als kreuzgefährlicher Flügelstürmer im Trikot von Mönchengladbach durch die Strafräume Deutschlands. Schon als Kind habe ich die Funktion der heraushängenden Zunge nie verstanden.*

Heute: *Das Gute ist: Die Zunge ist unverändert draußen! Theoretisch kann man ihn also einfach fragen, ob sie – ähnlich wie beim Hund z.B.- beim Dribbeln eine biologische Bedeutung hat. Das würde auch die übertrieben reichhaltige Bekleidung an jenem heißen August-Tag in Bremen erklären: Lienen „schwitzt über die Zunge."*

Fan-Transparente

Wenn man sich Bilder von Fanblocks in antiquarischer Fußball-Literatur anschaut kommt man zu dem Schluss, dass Fan-Transparente ihren Siegeszug in den sechziger Jahren antraten und international bei der Fußball-WM 1966 in England zum ersten mal so richtig angesagt waren. Fans hießen damals noch „Schlachtenbummler", und auf ihren Bannern stand harmloses Zeug wie etwa „Radevormwald grüßt unsere Jungens" oder „Uwe vor, noch ein Tor!". Leider hat sich durch die Jahrzehnte hindurch kaum merklich eine gewisse Aggressivität eingeschlichen, wie unsere Bilder dokumentieren.

Früher: *Dieser damals sehr bekannte Supporter der englischen Nationalelf wandte sich bei einem Länderspiel zwischen England und der Schweiz mit einem rührenden Transparent in deutscher Sprache an die Fans der Eidgenossen: „ES LEBE DIE SCHWEIZ – ES LEBE ENGLAND – SCHREIE FÜR BEIDE!". Es waren halt andere Zeiten. Heutzutage würde ein BVB-Fan vor dem Fanblock stehenden Fußes entmündigt (oder getötet, je nach Spielstand) werden, liefe er vor den Fans mit einem Doppelhalter auf, der auffordert „ES LEBE DER BVB – ES LEBE SCHALKE – SCHREIE FÜR BEIDE!". Nein, so was muss auch nicht wirklich sein.*

Heute: *Da loben wir es uns doch, wenn keine unnötigen Worte gemacht werden. Kein verlogener Schulterschluss zwischen rivalisierenden Fan-Gruppierungen, kein öliges Heranschmeißen an den sportlichen Kontrahenten. Dieses Banner besticht durch eine auch für schlichtere Gemüter verständliche, knapp auf den Punkt gebrachte Botschaft.*

Der Lothar-Matthäus-Check

(Januar 2005)

Der Titel dieser Kolumne ist heute ausnahmsweise mal irreführend. Hier checkt niemand Lothar Matthäus. Und es geht auch nicht darum, dass Lothar Matthäus hier und heute ausnahmsweise mal was checkt. Thema ist die Vorbereitung auf die in diesen Tagen beginnende Bundesliga-Rückrunde. Die Fans von 17 Bundesligisten fragen sich: „Wie wird sich mein Verein in der Rückrunde geben?" Und die Fans von Borussia Dortmund fragen sich: „Wird es unseren Verein noch geben?" Und Lothar Matthäus fragt sich: „Was ist eigentlich ein Check?"

Der „Lothar-Matthäus-Check" ist nun also eine Errungenschaft der „Sport-Bild". Lothar Matthäus analysiert in mehreren Heften hintereinander die Rückrundenperspektive der 17 Mannschaften. Und auch die von Borussia Dortmund. Oder sagen wir mal so: Er tut, was er für „analysieren" hält. Vermutlich war es vielmehr so, dass ein Redakteur der „Sport-Bild" zu Lothar gesagt hat: *„Lothar, wir machen es wie im-*

mer: Du laberst einfach mal los, und ich schreibe irgendwas auf. Und dafür bekommst Du dann wie immer den Lothar-Matthäus-Scheck.“

Diese Verfahrensweise führt dazu, dass der Text-Teil des „Lothar-Matthäus-Checks“ wahrlich nicht der Rede wert ist. Wie immer halt. Lothar.

Brennend interessant ist aber, dass die Statistikabteilung der „Sport-Bild“, oder wahrscheinlich eher irgendeine seltsame Firma, die sich hauptberuflich mit dem Mixen sinnfreier Zahlenwerte befasst, zu jedem Bundesligisten eine „Top-und-Flop-Aufstellung“ abgeliefert hat. Da kann dann jeder Fan klipp und klar und statistisch messerscharf belegt nachlesen, was bei seinem Verein in der Vorrunde besonders gut lief, und was eher ganz, ganz bedenklich schlecht war. Und manche Statistiken mancher Vereine sind auch weder gut und schlecht, sondern so mittel.

Das Erfassen solcher Zahlen ist offenbar eine sehr schwierige Angelegenheit. Das merkt man zum Beispiel daran, dass Bayer Leverkusen in der Chancenverwertung spitze ist, weil in der Vorrunde „jeder 5. Schuss ein Treffer war“. Das ist an sich okay, wenn nicht gleichzeitig laut Statistik auch der VfL Wolfsburg in der Chancenverwertung spitze wäre: „Beste Trefferquote: Jeder 7. Schuss sitzt!“ Bei Wolfsburg wird allerdings negativ bemerkt, dass der Verein „die meisten Gegentore durch Stürmer“ erhalten hat, nämlich 17. Das ist bedenklich. Viel besser wäre es also offenbar, wenn der VfL diese 17 Gegentore durch gegnerische Abwehrspieler eingefangen hätte.

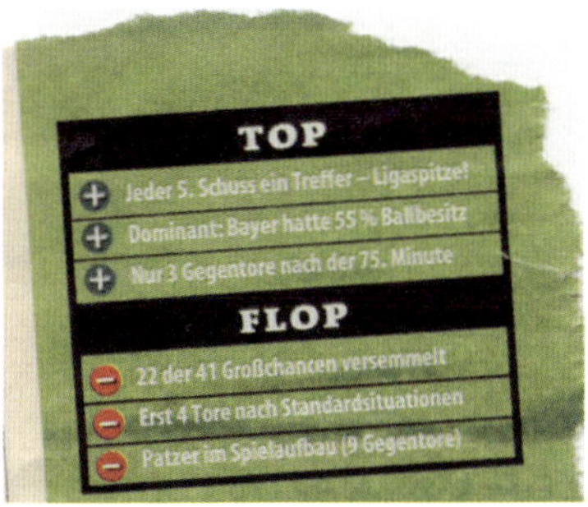

Beste Trefferquote 1: Bayer Leverkusen

TOP
- Beste Trefferquote (jeder 7. Schuss sitzt)
- Top-Stürmer: 22 Tore und 17 Vorlagen
- Nur 3 Kopfball-Gegentore kassiert

FLOP
- Erst 1 Tor durch einen Abwehrspieler
- 17 Gegentore in den letzten 8 Spielen
- Drittmeiste Stürmer-Gegentore (17)

Beste Trefferquote 2: VfL Wolfsburg. Wirklich doof: Die vielen Stürmer-Gegentore.

Der 1.FC Nürnberg hat bei den „Tops“ vermerkt, dass er phantastischerweise „0 Gegentore durch Fehler im Spielaufbau“ kassiert hat. Leider steht bei den Flops nicht, wo die Fehler stattdessen gemacht wurden. Der SC Freiburg hat, sehr erfreulich, bei den „Tops“ schwarz auf weiß stehen, dass „nur Mainz die Gegner häufiger abseits stellt“. Wie prima. Leider steht bei den „Flops“ gleichzeitig, dass der Verein so viele Gegentore nach Steilpässen bekommen hat wie kein anderer Verein (nämlich 10), was unter uns gesagt, sehr oft an missglückten Versuchen liegt, den Gegner abseits zu stellen.

TOP
- 9 der 14 Tore über rechts eingeleitet
- 57% der Tore (8 von 14) durch Mittelfeld
- Nur Mainz stellte Gegner häufiger abseits

FLOP
- Wenigste Torschüsse und Großchancen
- Gegner brauchten nur 6 Schüsse pro Tor
- Meiste Gegentore nach Steilpässen (10)

SC Freiburg: Gut ist die geglückte Abseitsfalle. Schlecht dagegen: Die missglückte Abseitsfalle.

Beim BVB wird lobend erwähnt, dass der Verein „9 der 17 Tore nach Standards geschossen hat“. Was nicht erwähnt wird ist, dass der Verein somit leider nur 8 Törchen herausspielen konnte. Bei Mainz wird es von den Statistikern als besonders beglückend empfunden, dass „13 verschiedene Spieler das Tor getroffen haben“. Das ist zwar zugegebenermaßen knuffig, liegt aber vor allem wohl daran, dass Mainz keinen passablen Torjäger hat, der vorne die Dinger reinmacht.

TOP
⊕ Kopfballgefahr dank Koller – 8 Tore
⊕ 9 der 17 Tore fielen nach Standards
⊕ Nur 3 Gegentore nach der 75. Minute
FLOP
⊖ Erst 17 Tore (die drittwenigsten)
⊖ Nur 8 von 38 Großchancen genutzt
⊖ Nur 2 Tore von Mittelfeldspielern

BVB: Viele Tore aus Standards dank Koller. Leider nur wenig Tore herausgespielt und endlos viele Chancen versemmelt.

Die schönsten Statistiken haben die Fachleute der „Sport-Bild" zu Rostock und Bayern ermittelt. Bei Rostock wurden positiverweise dem Gegner „schon 4 Elfer verweigert". Das trainieren die bestimmt bis zum Umfallen.

Bayern wiederum hat als besonders negative Auffälligkeit zu vermelden, dass „noch kein mal Pfosten oder Latte retteten". Daran muß man aber dringend arbeiten, lieber Felix Magath!

TOP
⊕ Meiste Flanken, 9 zu Toren – Liga-Spitze
⊕ Mittelfeld schon an 35 Toren beteiligt
⊕ Nur Bayern ohne Weitschussgegentor
FLOP
⊖ 6 Kopfballgegentore (2003/04 nur 1)
⊖ Schon 5 Gegentore nach Kontern
⊖ Noch kein Mal retteten Pfosten/Latte

Pfosten und Latte des Bayerntores konnten die Erwartungen absolut nicht erfüllen.

Auch Sie können gewinnen...!!

(Januar 2005)

... aber nicht hier, oder jedenfalls nicht heute. Dafür aber mittlerweile jeden Tag und bei jeder verdammten Live-Übertragung eines Fußballereignisses im DSF. Eine großartige neue Idee haben die nämlich gehabt, da beim DSF:

Neuerdings kann man in deren Programm eigentlich fast IMMER etwas gewinnen. Man muss nur anrufen, raten wer das nächste Tor schießt, ob irgendwer gewinnt oder welcher Spieler das nächste mal popelt – und zack!, schon ist man reich ...! Jedenfalls theoretisch.

Die Praxis sieht etwas anders aus. Man muss die angegebene Gewinn-Hotline ungefähr 60.000 Mal anwählen, um statistisch gesehen die Chance zu haben, etwas zu gewinnen. Das kostet grob geschätzt auch nur etwa soviel wie ein Krankenhaus. Das ist das eine Problem.

Das viel größere Problem besteht darin, dass das DSF der Ansicht ist, derartige Gewinnspiele über nahezu einem Drittel der Bildschirmgröße permanent am unteren Bildrand einblenden zu müssen. Nonstop. Das ist schade, denn wenn man zum Beispiel Paul Stalteri ist und auf der Außenbahn spielen muss, ist man während solch einer Live-Übertragung kaum noch zu sehen, weil man dauernd vom Gewinnspiel verdeckt wird. Dauert bestimmt nicht lange und die ersten Außenbahn-Spieler vernachlässigen ihre taktischen Aufgaben und drängen in die Mitte, um auch mal im Bild zu sein.

So sieht Paul Stalteri aus, wenn er nicht durch ein DSF-Gewinnspiel verdeckt wird.

Das zweite Problem ist der Reporter. Der bekommt sofort was auf die Finger gehauen, wenn er nicht oft genug auf dieses Gewinnspiel hinweist. Das hat zur Folge, dass Menschen wie, sagen wir mal, Thomas Herrmann, der ursprünglich mal irgendwas mit Journalismus gelernt haben soll, jetzt einen weiten Teil ihres Berufslebens damit verbringen, im Stil eines Ballermann-Animateurs den Zuschauern zu erzählen, dass sie nun aber langsam gefälligst mal anrufen sollen. Im Kiez-Jargon nennt man das „kobern", braucht aber auf St. Pauli eigentlich keine journalistische Ausbildung dafür.

Besonders klasse wird es, wenn dann noch in der Halbzeit ein sogenanntes „Live Quiz" stattfindet. Da sieht man dann in der Regel brüllende Moderatorinnen, die sicherlich viel lieber Ballermann-Animateurinnen geworden wären, aber erkennbar leider keinen ausreichend guten Schulabschluss dafür hatten. Vermute ich mal. Und die brüllen ausdauernd vor sich hin, dass es jetzt aber wirklich die allerletzte Chance ist, um anzurufen und zu gewinnen, wenn man die Buchstaben „BAYERM NÜNCHEN" sinnvoll so umstellen

Gewinn-Hotline-Guru Thomas Herrmann, früher mal Sportreporter

kann, dass ein deutscher Rekordmeister dabei herauskommt. „Die allerletzte Chance, jetzt, uuuuh, nur noch 8 Sekunden, jetzt aber schneeeeelll, looos, leeeetzte Chaaance, oooooh, das GIBT es doch gaaarnicht, jetzt aaaaber!“ Und dann rufen immer erst mal 8 Leute an, die etwas Falsches antworten.

Darauf kann man nun wirklich nicht kommen.

Zum Beispiel „BÜNCHEN MAYERM“. Oder „BÜCHERN MAYENN“. Und dann brüllt die Moderatorin enthemmt: „Neeeeein, uuuuh, leeeider niiiicht, versuchen Sie’s nochmaaaaaal, Sie haben noch 8 Sekundeeeen!“ Meistens versucht es der Zuschauer nicht noch mal.

Früher war nicht alles besser, aber wenn man, sagen wir mal, 1984 ein Europacupspiel angeschaut hat, dann hat man da einiges über das Fußballspiel selbst erfahren. Doch, doch. Das kennen die jungen DSF-Zuschauer heute nur noch aus Erzählung der Alten. Man konnte wirklich RICHTIG Fußball gucken! Und man wurde auch nicht angebrüllt.

Ich hätte eh nicht gewonnen, selbst wenn ich durchgekommen wäre. Ich hätte aus Protest „ETSV Kirchweyhe“ gesagt, um die Moderatorin so richtig zum Japsen zu bringen. Soweit kommt’s noch – mit Bayern München Geld verdienen. Hapah.

Überließ absolut nichts dem Zufall: Gerd Müller übt Torjubel.

Fallrückzieher langweilen mich.

(Februar 2005)

Das Fußballjahr 2005 ist in vollem Gange. Es begann mehr oder weniger mit der Wahl des schönsten Tores des Kalenderjahres 2004, wie eh und je gekürt im Rahmen des „Tor des Jahres"-Wettbewerbs der ARD Sportschau. Gewonnen hat ein gewisser Klemen Lavric von Dynamo Dresden, der in einem Zweitligaspiel gegen Eintracht Frankfurt eine hübsche Bude machte. Per Fallrückzieher.

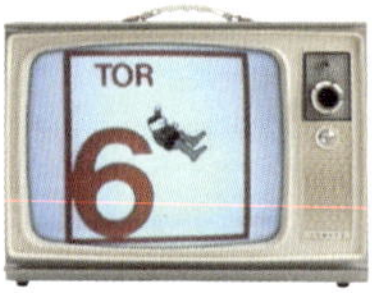

Klemen Lavric: Seit dem Riesenerfolg fallrückziehert er immer und überall

Das muss man fast nicht explizit betonen, denn etwas vereinfacht ausgedrückt: In Deutschland werden grundsätzlich Fallrückzieher zu Toren des Monats oder des Jahres gekürt. Keiner weiß warum. Das ist dieser sogenannte „Pawlowsche Reflex": Wenn deutsche Fernsehzuschauer bei einer Wahl zum „Tor des Irgendwas" einen Fallrückzieher sehen, dann stellt sich augenblicklich verstärkter Speichelfluss ein, und dann wählen sie, einem Zombie gleich, genau dieses Tor zum „Tor des Dingsbums". Egal, ob da sonst magische, unwirklich schöne, technisch viel anspruchsvollere Dinger dabei waren – ein Fallrückzieher muss es sein. Immer!

Ich sach mal, ein Fallrückzieher, sach ich mal so.

Schön und gut: Niemand schießt beim Kicken besonders ungern Fallrückziehertore. Spaßige Angelegenheit, so ein Ding. Aber jeder, der selbst kickt, weiß ebenso sicher: Es gibt viel anspruchsvollere Tore als Fallrückzieher. Seit aber dieser gottverdammte Klaus Fischer 1975 gegen den Karlsruher SC zum ersten Mal ein bis dahin sehr ungewöhnliches Fallrückziehertor schoss und damit das „Tor des Monats" erzielte, ist der Zug abgefahren. Deutschland wählt Fallrückzieher. Immer und immer wieder, aus Gewohnheit und mechanisch und weil sich das so gehört.

Damit fing das Elend an: Klaus Fischer trifft gegen Karlsruhe über Kopf. Eine Epidemie beginnt...

Wir sollten uns da ein Beispiel am Ausland nehmen: Da werden andere Sachen gewählt. Waghalsige Endlos-Dribblings mit Übersteiger, Körpertäuschung und Schlenzer, technisch nahezu unmögliche Außenrist-Schnibbler, waffenscheinpflichtige Distanzschussmonster ... nur bei uns: Bumm, Fallrückzieher, Sieger, bumm, Fallrückzieher, wieder Sieger, bumm...

...und greift um sich. Fischer trifft skrupellos weiter. Dies hier wird später zum „Tor des Jahrzehnts“ gewählt. Zwanghaft.

Wer Klaus Fischers Fallrückzieher für Jahrhunderttore hält, möge sich bitte mal die Mühe machen und sich ein paar Tore von Matt Le Tissier anschauen. Abgesehen, dass der Name schon sensationell klasse klingt, war dieser Mann zwischen 1986 und 2002 ein Fußballer zum Niederknien. Er schoss Tore des Monats und Tore des Jahres im Dutzend, immer wieder anders, immer für den FC Southampton - und nie war ein Fallrückzieher dabei!

Matt le Tissier

Le Tissier hat das schönste Tor geschossen, das ich je gesehen habe. Am 24. Oktober 1993 bekam „Le Tiss“ den Ball im Premier-League-Spiel seines FC Southampton gegen Newcastle United irgendwo, 25 Meter vor dem Tor per Kopf in den Lauf gelegt. Er nahm die Pille mit dem linken Hacken an, hob ihn sich selbst über den Kopf, um den Ball noch vor dem Aufspringen volley mit dem rechten Fuß am ersten Gegner vorbeizuschlenzen. Über den nächsten Gegenspieler wurde der Ball wieder volley drübergehoben, und bevor das Leder im Strafraum den Rasen berühren durfte, streichelte der Unvergleichliche die Kugel wiederum volley mit der rechten Innenseite ins äußerste Eck. Nicht von dieser Welt. Ich bekomme eine Gänsehaut. Jedes Mal wieder.

Matt Le Tissier war simply wunderbar: Auf dem Spielfeld oft faul, in seinen Aktionen nie vorhersehbar – und seinem Verein FC Southampton 16 Jahre lang treu.

Gehen wir davon aus, dass begabte Fußballer von ihren größten Momenten träumen, dann hat Le Tissier eine Menge zu tun: Hier ein Traum vom galaktischen Hebertor, da ein Traum vom waffenscheinpflichtigen Gewaltschuß von der Mittellinie, dort ein Traum von dem mehrfach jonglierten und dann wie eine Kanonenkugel reingewummten Schrägschuss. Klaus Fischer träumt immer dasselbe: *„Ich also so hoch, wupp, Rücken zum Tor, bumm, drin! Dann ich wieder hoch, wieder wupp, wumm, wieder drin! Beim nächsten mal ich also wieder so mit Rücken zum Tor, ich dann wieder hoch, wupp, wumm! Dann ich wieder dieses Ding mit Rücken zum Tor, ich voll so wupp...“*

Auch kein schönes Schicksal.

Klaus Fischer kommt nicht mehr davon los und wird gebetsmühlenartig Fallrückziehertore wohl bis weit nach seinem Tod schießen.

P.S.:
Alle „Tore des Monats“ seit 1971 kann man sich hier anschauen:
www.sportschau.de

„Wenn wir wollen, kaufen wir euch auf!“

(Februar 2005)

Nein, wahrlich, und ich sage euch: Nicht immer ist die Welt des Fußballs „wunderbar“, meine Freunde! Stellt euch nur mal vor, ihr wärt jetzt im Moment gerade Fans von Borussia Dortmund.

Vor ein paar Jahren gab es die plötzlich überall: Diese „Fans von Borussia Dortmund“. Hier bei uns in Norddeutschland waren sie meistens 11 Jahre alt, trugen dieses bedenkliche, textmarkergelbe BVB-Shirt, auf dem hinten eigentlich fast immer „MÖLLER“ draufstand, und das hatten sie meistens irgendwie billig aus Asien bezogen, was der Grund dafür sein dürfte, weshalb meistens „MOLLER“ draufstand, und manchmal auch „MELLÖR“.

Möller ist längst weg. Die Thailand-Merchandising-Billigware war schon nach der dritten Wäsche weg. Und jetzt ist also auch das ganze Geld weg. Das der Fans, denn die geben es ja immer ihrem Verein. Das des Vereins allerdings auch. Das ist nun weitestgehend bei Marcio Amoroso und seinen Beratern. Aber nicht nur: Ein größerer Teil von so um die 140 Millionen Euro ist auch einfach nur irgendwie weg, so wie der Schnee im Frühling auch irgendwie einfach weg ist.

Dortmunder Profis beim öffentlichen Verjubeln von ganz viel Geld

Interessant sind die Reaktionen auf die sich anbahnende BVB-Pleite innerhalb der Bundesliga. Man hört z.B. im Moment oft, dass der BVB *„Großartiges für den Deutschen Fußball geleistet hat"* und eine Bundesliga ohne den BVB aus diesem Grund *„nicht vorstellbar ist"*. Das sehen Vereine wie Hansa Rostock oder der VfL Bochum möglicherweise anders. Die waren so doof, ihre Mannschaft nur mit Geld zu verstärken, das sie auch wirklich besaßen. Der BVB hat dagegen etwas getan, was exakt vergleichbar ist mit Doping in der Leichtathletik: Er hat mit Hilfe von Spielern, die er nicht hätte haben dürfen, einen Leistungsstand herbeigeführt, der nicht wettbewerbskonform entstanden ist. Oder anders: Er hat sich einen Wettbewerbsvorteil ergaunert.

Deshalb sollte sich das Mitleid mit den Dortmundern auch in engen Grenzen halten. Sie haben Spieler wie Jan Koller, Rosicky und Sebastian Kehl in ihren Reihen, weil sie der Konkurrenz vorgegaukelt haben, sie könnten sich diese Spieler auch leisten. Und selbst wenn der Verein wieder nicht für sein wirtschaftliches Gebaren verknackt wird, dann gehört er eigentlich für das Anhäufen unrechtmäßig verpflichteter Klasseleute bestraft, die er sich gar nicht hätte leisten können. Und auch die kalte, abgehobene Art, mit der die Dortmunder Kamikazepiloten ihre Finanzpolitik noch bis vor kurzem schön redeten, hat nicht wirklich viele Sympathiepunkte gebracht.

Berechtigter Stolz: Hier haben mehrere Männer gerade ein Vehikel erfunden, mit dem man Geld gleichzeitig drucken und verbrennen kann. Nur das Geldausgeben mussten sie noch von Hand erledigen.

Und etwas mit Vorsicht zu genießen ist auch die landläufige Meinung, *„jahaaa, der Verein tut mir natürlich nicht leid, aber seine großartigen Fans tun mir leid!!!"* Ich habe in Dortmund diverse Male im Stadion gesessen und mir triumphal dröhnende Fanchöre der Borussenfans angehört, die in Richtung der Gäste jubilierten: *„Wenn wir wollen, kaufen wir euch auf!“* Nach dem grandios inszenierten Börsengang des BVB hatte auch ein überwiegender Teil der Fans die Großartigkeit ihres Lieblingsvereins vor allem an dessen Neureichtum gemessen und sich darüber definiert, dass der Club sich jetzt absolut jeden Spieler leisten könne, mit einem lässigen Fingerschnippen und einem Griff in die Schublade, wo das Geld der Kleinaktionäre früher mal drin lag.

Kritische Stimmen waren aus den Reihen der BVB-Fans kaum zu hören, als sich der Verein einen schon vorher als Absahner berüchtigten Marcio Amoroso für 25 Millionen Euro gönnte und jeden Ersatzspieler soviel verdienen ließ, wie anderswo nur die absoluten Stars bekamen. Und die, die immer schon kritisch waren, können auch im Falle eines Lizenzentzuges ihres Vereins ihre Fan-Klasse beweisen, indem sie nämlich zum BVB auch dann stehen, wenn er mal irgendwann viertklassig spielen muss.

Geld aus dubiosen Kanälen. Links: Hand von Marcio Amoroso

Ein Positives hat die Krise in Dortmund: Bei den seriös wirtschaftenden Vereinen und selbst bei den Fans hat die Zahl der Spinner rapide abgenommen, die von Zeit zu Zeit bellen, der Verein sei viel zu kleinmütig und müsse doch *„endlich mal finanziell so richtig auf die Kacke hauen und etwas riskieren“*. Eine Meinung, die man inzwischen nicht mehr ganz so häufig hört.

Interessant sind die Vorgänge in Dortmund auch aus charakterwissenschaftlicher Sicht. Wenn der BVB einen Spieler haben wollte, oder wie Bayern-Manager Uli Hoeneß es seinerzeit ausgedrückt hat: *„Wenn die da in Dortmund wieder verrückt spielen“*, dann ging es nicht um feinsinnige, sensible Verhandlungen. Nein, dann wurden Spieler schnell schon mal mit Geld zugeschmissen, damit Bayern sie nicht bekommt. Das Problem ist nur: Wenn ein Spieler, der eigentlich zu Bayern wollte, dann jedoch beim BVB landet, weil der ein paar Milliönchen auf das Bayern-Angebot (die sollen auch ganz passabel zahlen) draufgelegt hat, dann ist dieser Spieler auch ganz schnell wieder weg, wenn das Geld des Vereins zur Neige geht.

Oder anders: Wer des Geldes wegen kommt, der ist dann auch des Geldes wegen da. Und der sollte nach Torerfolgen nicht das Vereinsemblem auf dem Trikot küssen, sondern lieber seine Kontoauszüge. Besser aber nicht vor dem Fanblock.

P.S.

Nachtrag März 2006: Marcio Amoroso hat in den letzten zwölf Monaten für den FC Malaga, den FC Sao Paulo und den AC Mailand gespielt und überall bereits das Vereinswappen geküsst. Der ehemalige Dortmunder Manager Michael Meier ist beim 1.FC Köln gelandet und hat unlängst die exotische Ansicht geäußert, bei Borussia Dortmund „ein bestelltes Feld hinterlassen“ zu haben. Ob das bestellte Feld dagegen auch geliefert wird, ist indes unklar.

Die schönsten Verletzungen aller Zeiten

(März 2005)

Verletzungen sind bei Fußballern in aller Regel eher ungern gesehene Begleiterscheinung des Fußballspielens, oder wie man in Holland sagen würde: Des Fußballens. Dort sagen sie wirklich „Ich fußballe, du fußballst, wir fußballen ...“! Aber ich komme vom Thema ab.

Reden wir heute mal über Verletzungen. Verletzungen des Knöchels, der Achillessehne oder meinetwegen auch des Fußballens. Klassischerweise marodiert man sich seinen Bänderapparat, indem man dumm umknickt (Nationalspieler Stefan Kuntz hat sich auf diese Weise einmal beim Aussteigen aus dem Mannschaftsbus selbst massakriert). Oder man wird getreten. Manchmal wird man auch erst getreten und knickt dann um. Jedenfalls macht das alles keinen Spaß. Wir reden deshalb über die bizarre Welt der ungewöhnlichen Fußball-Blessuren.

Sehr seltene Verletzung: Von Glücksschwein angepinkelt (Klaus Fischer, Schalke 04)

Hannover 96 hatte mal einen Spieler mit Namen Georg Damjanoff. (Noch nicht lachen, der Name ist noch gar keine Verletzung!). Der musste 1976 einmal pausieren, weil ihm beim Teekochen der Wasserkessel auf den Fuß gefallen war. Was seinen damaligen Trainer Kronsbein zu der Feststellung veranlasste: *„Zum ersten Mal trinkt der kein Bier, und schon verletzt er sich!“*

Georg Damjanoff, hier noch vor dem Teekochen

Der spanische Torwart Santiago Canizares verpasste die WM 2002, weil er versucht hatte, seine Aftershave-Flasche im Badezimmer mit dem Fuß aufzufangen. Die Flasche fiel auf den Boden und zersplitterte überraschenderweise, obwohl sie doch aus Glas war. Und Canizares verlor das Gleichgewicht und trat mit Schmackes und mit dem nackten Fuß genau da hin, wo die Ex-Flasche sich in stark veränderter Form nun befand. Ich formuliere betont schwülstig, damit es nicht zu eklig klingt. Der Fuß war jedenfalls Matsch.

Unangenehm, aber nicht bedrohlich: Der sogenannte „Riss des Syndeshosebandes“

Werders Abwehrrecke Michael Schulz raffte es beim Müll raustragen dahin: Hexenschuss. Das war unglücklich, aber weniger bizarr als der Fall Alan Mullery. Der beinharte Brite verpasste 1964 eine Länderspielreise nach Südafrika, weil er sich dieselbe Verletzung beim Zähneputzen holte.

Eine unter Profis merkwürdigerweise sehr populäre Verletzung lauert beim Fernsehen auf der Couch: Mönchengladbachs Peter Nielsen, Englands Torwart David Seaman und der irische Star Robbie Keane handelten sich in dieser Reihenfolge eine ausgekugelte Schulter, einen Knochenbruch und ein verdrehtes Knie ein ... weil sie unvorsichtig nach der Fernbedienung griffen.

Mittlerweile mit hohen Dosen Kortison in den Griff zu kriegen: Lachkrampf mitten im Spiel

Eine fernbediente Auto-Antenne wiederum bedeutete Spielpause für Wolfsburgs Charles Akonnor. Der stand dumm neben dem Wagen eines Kollegen, als die Antenne automatisch herausfuhr. Sie traf Akonnor im Nasenloch. Auch nicht schön.

Im Normalfall kann man mit kuriosen Verletzungen nicht wirklich gut angeben, außer manchmal: *„Unser Spieler Blättel hat sich letzte Nacht im Bett verletzt und war nicht einsatzfähig. Er hat eine Rückenverletzung."* (Trainer Uwe Klimaschewski, 1.FC Saarbrücken, 1985). Und ohne genau zu wissen, was Herr Blättel da im Bett nun detailliert getan hat, ist die Vermutung durchaus legitim, dass er dabei mehr Spaß hatte als jemand, der von Uli Borowka getreten wird. Nur so als Beispiel.

Merke: Verletzt sein macht nie Spaß. Aber im Augenblick des Sichverletzens kann man offenbar sehr unterschiedlich viel Freude haben. Oder, um mit Otto Rehhagel zu schließen, der eine Unterleibsverletzung seines damaligen Stars Youri Djorkaeff kommentieren wollte: *„Ich hab mir das da unten bei ihm mal angesehen und muss sagen: Mein lieber Mann!"*

Unangenehme Sache: Ronaldo kann sich vorerst nicht bequem hinsetzen. Mit einem kleinen chirurgischen Eingriff lässt sich die Sache aber beheben.

Chelski

...oder: Öl schießt Tore

(April 2005)

Ich muss diese kleine Rubrik diesmal mit einem offenen Bekenntnis beginnen, das mir fast ein bisschen unangenehm ist: Ich stelle im Augenblick fest, dass ich neuerdings aller Antipathie zum Trotz immer mal dem FC Bayern die Daumen drücke. Nicht, weil ich altersmilde werde oder die Bayern plötzlich schlagartig sympathischer geworden wären. Nein, es ist andersrum: Die Bayern sind wie immer, aber ehe man sich versieht, tauchen plötzlich Phänomene in der Fußballszene auf, die man ***noch*** unangenehmer findet. Nehmen wir Schalke 04. Denen habe ich entgegen sonstiger Rituale in den zurückliegenden Jahren gegen die Bayern in der jüngeren Vergangenheit alles Schlechte gewünscht. Es ist ja nun so: Die Schalker werfen mittlerweile mit Geld genauso um sich wie die Bayern. Der Unterschied ist: Bayern verwendet dafür Geld, was sie sich vorher verdient haben. Schalke muss mit fremdem Geld werfen.

Früher mal ein Fußballclub, jetzt ein Milliardengrab: Der ehemalige FC Chelsea

In der Champions League duelliert sich nun der FC Chelsea ab und zu mit den Bayern. Eigentlich wäre ich als London-Fan da auf Chelseas Seite gewesen. Aber wir reden ja nicht mehr von Chelsea, sondern von Chelski - wie der Verein in England seit der Übernahme des Ver-

eins durch den, nun ja, etwas windigen russischen Öl-Milliardär Roman Abramovic genannt wird. Dem gehören ungefähr 11 Milliarden Euro – und der FC Chelsea. Der wird seitdem mit in erster Linie teuren Spielern zugeknallt. Etwa so wie eine Braut, die man grotesk und protzig mit tonnenweise teurem Schmuck überhäuft.
Ich habe mir kurz überlegt, ob es mir gefallen würde, wenn ein superreicher Irrer bei meinem Lieblingsverein Werder Bremen einsteigen und zunächst Klasnic, Baumann, Micoud und Klose wegschicken würde, um dafür Owen, Ballack, Makelele und Ronaldinho zu holen. Wenn ich auf Zirkus stehen würde, würde mir das gefallen. Als Fan eines Fußballclubs eher nicht so.

Chelseas Stadion heißt „Stamford Bridge" und sieht aus wie ein Luxushotel, an das man notgedrungen noch eine Fußballspielgelegenheit angebaut hat, weil man auf den Sport an sich doch nicht vollständig verzichten möchte. Die Mannschaft selbst besteht zwar nur noch aus Superstars, aber sie ist dennoch nicht ganz so interessant wie ihr Trainer. Der heißt Mourinho, und gegen ihn war Klaus Kinski ein mental relaxter Phlegmatiker.

Früher mal ein Fußballstadion, jetzt ein Schnickschnackbauwerk mit integrierter Ballspielgelegenheit: Stamford Bridge

Für seine Angestellten hat der FC Chelsea im vergangenen Jahr 170 Millionen Euro an Lohnkosten gezahlt. 35 Chelsea-Mitarbeiter verdienen mehr als 3 Millionen Euro pro Jahr. 30 Millionen Euro musste der Club letztes Jahr für ehemalige Mitarbeiter zahlen, die vorzeitig aus Verträgen heraus gewuppt wurden. Der Verlust des Vereins lag letztes Jahr bei knapp 130 Millionen Euro.

Früher mal erfolglose Herrenmodepüppchen, heute die starken Männder des besten englischen „Vereins“: José „Kinski“ Mourinho (l.) und Roman „Dagobert“ Abramovic (r.)

Das macht aber nichts, solange Roman Abramovic sein etwas zwielichtig anmutendes Geld in die Mannschaft pumpt. Wenn er darauf irgendwann keine Lust mehr hat, ist die Mannschaft wohl weg. Aber dann hat man wenigstens noch ein schönes Hotel mit Fußballplatz.

Karl-Heinz Rumme-nigge, ganz kurz nach einer sogenannten „Brandrede“.

„Mein Name ist Finken, und du wirst gleich hinken!"

...oder: Die Poesie der Spielernamen

(April 2005)

Das obige Zitat stammt aus dem Jahr 1965 und kam damals der Legende nach Woche für Woche aus dem Munde des Bundesliga-Lizenzspielers Herbert Finken. Der spielte seinerzeit bei der schlechtesten Bundesliga-Elf *ever*, bei Tasmania 1900 Berlin. Die holten nicht viele Punkte, aber Finkens Gegenspieler bekamen dem Vernehmen nach immer mächtig auf die Socken.

Sein Name war Finken.

Nun hatte Finken sicherlich Glück mit seinem Nachnamen. Den Spruch hätte er zwar auch machen können, wenn er hinten „Fumpeln" geheißen hätte. Oder „von Flatzgetragen". Aber so heißt ja niemand wirklich. Dennoch sind Fußballnamen manchmal sehr bedeutsam für den Karriereverlauf des dazugehörigen Profis.

Der Ex-Lauterer Franco Foda zum Beispiel hätte in südamerikanischen Ländern nie etwas werden können. Sein Name bedeutet auf spanisch angeblich „gratis ficken". Ich stelle mir zwar sehr hübsch vor, wie der Stadionsprecher den Vornamen ruft, also „MIT DERRR NUMMERRR 5: GRATISSSS....!" ... und der Fanblock wie aus einem Munde antwortet mit: „FICKENN!!!" Aber für den Spieler selbst dürfte das weniger lustig geworden sein. *(Ich habe eine spanisch sprechende Freundin gefragt, ob „Franco Foda" wirklich „umsonst ficken" heißt. Sie konnte das nicht bestätigen. Weil die Vorstellung gar so schön ist, bleibt dieser Absatz trotzdem drin in diesem Buch. So.)*

Bei Fußballnamen gibt es Glücksfälle und Schicksalsschläge. Der Österreicher Walter Knaller z.B. war vor 15 Jahren ein gefürchteter Torjäger. Der hatte mit seinem Namen sicher mehr Freude als Peter Barfuß (ein Bundesligaspiel für den HSV 1966/67). Das Defensiv-Pendant zu Walter Knaller war bei der WM 1978 der Argentinier Daniel Pedro Killer. Kann man als Klopper besser heißen?

Walter hat vor wenigen Sekunden wieder mal geknallt.

Vermutlich keiner der faireren Abwehrspieler der Siebziger: Daniel Pedro Killer

Manchen Spielern möchte man im Nachhinein eine Namensänderung nahe legen. Der Leverkusener Roman Geschlecht rückte besonders in den Fokus, als er ein paar Jahre lang bei Derbys gegen den 1. FC Köln mehrfach einen Gegenspieler namens Ralf Geilenkirchen hatte, was zu dem unsterblichen Reporterzitat führte: *„Geilenkirchen wickelt sich hier förmlich um Geschlecht!“* (ARD Sportschau).

Dann lieber Namen, die sich förmlich singen lassen. Wie wäre es z.B. mit August Makalakalane (Nationalspieler Südafrika)? Das klingt doch wirklich signifikant besser als Ekkehard Eigenwillig, der zu allem Überfluss in den späten Siebzigern auch noch ein dribbelstarker Flügelstürmer war, oder? Ekkehard Eigenwillig spielte beim DSC Wanne-Eickel in der 2. Bundesliga. Mit einem anderen Namen wäre er vielleicht bei den Bayern gelandet, wer weiß das schon?

Dribbelstarker Flügelstürmer aus Wanne-Eickel: Ekkehard Eigenwillig. Hätte er nur bloß immer eher abgespielt!

Liebling aller Trainer: Ein Abwehrspieler namens Standfest! (Grazer AK)

Dasselbe gilt für Helmut Hasenfratz, in den Siebzigern beim ESV Ingolstadt Zweitligakicker. Auf Hasenfratz reimt sich fast gar nichts. Und wenn, dann würde es gar nicht erst zum vollendeten Vers kommen, weil spätestens nach den Worten „Mein Name ist Hasenfratz, und du…“ der Gegenspieler kollabieren würde. Vor Lachen. Viel besser als hinken.

Massimo Monopoli, wenig bekannter Nachwuchskicker bei Eintracht Frankfurt. Ging nur selten über Los. Und zog dabei auch selten mehr als 4000 Mark ein.

August Makalakalane, Südafrika. Der einzige Spielername, den man alkoholisiert besser aussprechen kann als nüchtern.

Fußball-Nutten

(Juni 2005)

Sommerpausenzeit ist Transferzeit. Manche Fußballvereine bekommen in diesen Tagen erschütternd viel Geld dafür, dass ihre besten Spieler zu einem anderen Verein wechseln. Manche Vereine bekommen auch Geld für nicht so gute Spieler, weil dümmere andere Vereine nicht wissen, dass die Spieler gar nicht so gut sind wie sie denken. Bis hier ist alles okay. Eine kaufmännische Angelegenheit, Marktsituation, Angebot, Nachfrage, blabla. Ziemlich unsexy, das Thema.

Emotionaler wird es, wenn die Fans ins Spiel kommen. Die wollen nämlich in der Regel nicht, dass gute Fußballer ihren Lieblingsverein verlassen. Auch, wenn der Verein genug Geld bekommt, um theoretisch einen Flughafenterminal davon bauen zu können. Natürlich baut kein Verein einen Flughafen. Denn das Geld brauchen die geplünderten Vereine, um damit wieder andere Vereine zu plündern. Das ist wie in der Wildnis: Die Eidechse frisst die Fliege, der Raubvogel frisst die Eidechse, und am Ende setzt sich der große Orang-Utan mit seinem dicken Po auf den Raubvogel. Der Orang-Utan ist Bayern München und setzt sich jeden Sommer mit seinem dicken Po irgendwo hin.

FC Bayern München

Fußballfans wollen, dass die Spieler aus purer Liebe zum Verein auf ewig treu bleiben, notfalls auch für wenig Geld. Von weltgewandten Fußball-Könnern wird indirekt erwartet, dass sie für immer in Bremen oder Stuttgart oder Leverkusen bleiben, weil dort das Wetter schöner ist als anderswo, weil die Vereinsfarben kleidsamer sind oder die Trikots so flauschig, die Fans liebenswerter und die sportlichen Perspektiven unübertroffen. Fußballfans verdrängen aber dabei oft, dass objektiv betrachtet das Wetter immer irgendwo noch schöner ist, die Trikots flauschiger und die Fans anderswo auch manchmal ganz nett sind, selbst in Gelsenkirchen oder München. Fans wollen subjektiv sein, Profis planen ihre Karriere meistens nach eher objektiv ermittelten Kriterien.

FC Schalke 04

Fans mahnen bei ihren Lieblingsspielern deshalb eine Treue an, die nicht funktionieren kann. Eine Treue, die genau genommen auch ein Luftschloss ist, denn die Fans selbst sind den Spielern ja auch nur treu, solange sie brav sind und nicht den Verein wechseln. Fußballfans wollen ihre Lieblinge notfalls bepöbeln dürfen, wenn sie schlecht spielen, meistens mit dem Argument „Ich bezahle ja Eintritt, also darf ich auch maulen!". Sie verlangen also einen Gegenwert für ihr Geld, aber sie wollen nicht, dass der Spieler den Gegenwert auch nur des Geldes wegen liefert. Oder anders: Fans verhalten sich wie Freier, die sich für ihr Geld das Wohlverhalten eines Spielers kaufen können. Sie wollen aber nicht, dass der Spieler sich andersrum wie eine Nutte benimmt.

MSV Duisburg

Ebenso wollen Fans - siehe oben - nicht, dass ein reicherer Verein kommt, um ihnen die kickenden Lieblinge mit viel Geld abspenstig zu machen. Wenn es aber doch passiert, dann fordert man unausgesprochen, aber ultimativ von seinem Lieblingsclub, dass der doch bitte mit dem eingenommenen Geld sofort auf Beutezug bei den nächstärmeren Clubs gehen soll, um in deren Kader herumzumeucheln.

Vielleicht einigt man sich am besten auf eine Grundformel: Fans sind bei der Heldenverehrung nicht allzu romantisch-verklärt und akzeptieren teure Einkäufe nur, wenn sie auch teure Verkäufe schmerzfrei schlucken können. Im Gegenzug verkneift sich der Star das Küssen des Vereinsemblems, wenn er in Wirklichkeit „notfalls zu Fuß nach München gehen würde", um für den FC Orang-Utan zu spielen. Wer von den Fans geliebt werden möchte, sollte freilich den Verein nicht ausschließlich als Arbeitgeber sehen, sondern ein Mindestmaß an Identifikation mitbringen, damit der Fan wenigstens die Illusion haben kann, dass der Spieler nicht beim aller ersten nervösen Zucken der Bayern den Umzugswagen bestellt.

Nur auf den ersten Blick ein harmloser, entspannter Schnappschuss vom ewig-coolen Berti Vogts. Auf den zweiten Blick jedoch beklemmende Bestätigung allerschlimmster Vorurteile: Berti hält das Buch verkehrt herum...

Unbekannte Legenden: William „Fatty" Foulke

(Juni 2005)

Auch wenn durchaus kontrovers diskutiert werden kann, ob Fußball früher schöner war oder nicht – eins lässt sich definitiv sagen: Fußballspieler waren früher NICHT schöner als heute. Bis auf George Best vielleicht.

Das eindrucksvollste Beispiel dieser These ist der ehemalige englische Torwart William „Fatty" Foulke, den ich euch heute etwas näher vorstellen möchte. Um die vorletzte Jahrhundertwende herum war er die vielleicht schillerndste Figur des britischen Fußballs.

Frühes Sammelbild. Heute sehen Nationalspieler dann doch etwas anders aus.

Er hütete das Tor für Sheffield United (mit denen er Meister und Pokalsieger wurde), den FC Chelsea und zuletzt für Bradford City. Man sagt über ihn: Er spielte da, wo es ein gutes Frühstück gab. Und einmal sogar für die Nationalelf, 1897 beim 4:0 gegen Wales. Im Falle des FC Chelsea wurde er interessanterweise für damals unglaublich viel Geld von seinem geliebten Heimatverein Sheffield United weggelockt. Damals also schon. Er wurde Chelseas allererster Mannschaftskapitän überhaupt.

Praktisch: Auf Mannschaftsbildern war er immer leicht zu lokalisieren.

„Fatty“ Foulke war, wie sein Spitzname schon leise und dezent andeutet, ein eher ungewöhnlicher Leistungssportler. Einer, der Ernährungsfreaks und Disziplinfanatiker heutzutage in den sicheren Suizid getrieben hätte. William Foulke brachte zu seinen Glanzzeiten 152 Kilo auf die Waage – bei 1,87 Größe.

Natürlich bekommt man solche Maße nicht durch viel Milch und wenig Kakao oder ganz tolle Frühstücks-Cerealien. Es ist überliefert, dass Foulke z.B. vor einem Pokalspiel alle 11 Frühstücke seiner Teamkollegen aufaß. Natürlich macht so etwas auch kräftig. In der Fußball-Steinzeit war es in England noch erlaubt, den Torwart mit dem Ball über die Linie zu rempeln. Foulke ist so etwas niemals passiert. Dafür hatte er die körperlichen Voraussetzungen, um in der Hitze des Gefechtes einen Gegner an den Knöcheln in die Luft zu heben und mit dem Kopf in den Schlamm zu tauchen (exakt das tat er mit Liverpools Angreifer George Allan – Der Schiedrichter entschied auf Elfmeter). Soll öfter passiert sein. Gegen Port Vale warf er einen gegnerischen Stürmer 1905 wütend ins Tornetz (der Schiedsrichter gab auch hier Elfmeter und notierte in den Spielbericht *„Bis zum Spielende hielt ich einen mir vernünftig erscheinenden, großen Abstand zu Foulke“).* Und es ist auch zwei- oder dreimal vorgekommen, dass durch eine Foulke-Faustabwehr die Torlatte zerbröselte.

Foulke ging immer dahin wo's wehtat. Aber es tat immer nur dem Gegner weh.

Erwähnt werden sollte auch, dass er nach dem überraschend verlorenen FC Cup Final 1901 gegen Tottenham den Schiedsrichter Tony Kirkham in einen Schrank sperrte.

Sie nannten ihn den „Man Mountain". Auch Foulke selbst litt bisweilen unter seinem Körpergewicht. Dann z.B., wenn er bei einer Verletzung von sechs Helfern vom Platz getragen wurde und unter seiner massigen Gestalt die Krankentrage in tausend Stücke zerbrach.

Die Fans besangen ihn mit dem später berühmt gewordenen Fangesang „Who ate all the pies?", der in britischen Stadien überall dort gesungen, wo übergewichtige Spieler, Offizielle oder Fans geärgert werden sollen. Die erste Strophe geht so: *"Who ate all the pies? Who ate all the pies? You fat bastard, You fat bastard, You ate all the pies!"* Foulke selbst konnte man mit derartigen Faxen nicht aus der Ruhe bringen.

In Chelsea betrat er einst die Klub-Kantine vor allen Mannschaftskameraden. Während er auf die Kollegen wartete, verspeiste er alleine elf Frühstücksportionen. Von seinen hungrigen Mannschaftskameraden daraufhin übel beschimpft, formulierte er seinen berühmtesten Satz: *„You can call me anything, but don't call me late for dinner!"*

„Fatty" Foulke war der fußballhistorisch erste Beleg für die These, Torhüter seien möglicherweise *anders*. Er starb 1916, mit nur 42 Jahren an einer Lungenentzündung.

Das (ungelöste) Rätsel Knöchelbruch

(August 2005)

In der Mode kommt alles wieder, sagt man. Wenn das auch beim Fußball so ist, wäre das teilweise gut (weil dann irgendwann auch bei Großereignissen wieder Ergebnisse wie 9:4 oder 6:6 zu bestaunen sind). Teilweise aber auch verheerend, weil wir dann irgendwann die Rückkehr einer Verletzung erleben würden, deren Schicksal höchst mysteriös ist: Die des Knöchelbruchs!

Es kommt immer mal wieder vor, dass ich für Recherchezwecke in alten Fußballmagazinen stöbere. In den sechziger Jahren haben Woche für Woche ungefähr 60 Profis nicht spielen können, weil sie gerade einen Knöchelbruch hatten. Knack! Knack! Knack! Ähnlich wie man heute vorrechnen kann, um wie viele Milliarden Euro sich Borussia Dortmund pro Sekunde neu verschuldet, konnte man damals wahrscheinlich plakativ vorrechnen, dass sich in Deutschland alle 4 Sekunden ein Lizenzspieler den Knöchel bricht.

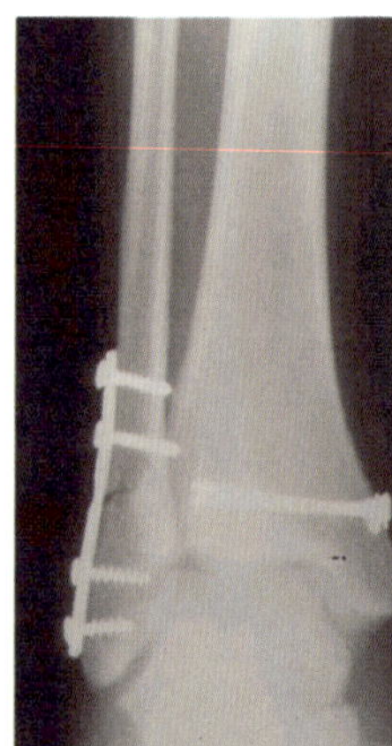

Gebrochener Knöchel (mittlerweile ausgestorben)

Aber warum nur? Waren die Verteidiger brutaler? Waren die Stürmer zu stolz um auch mal hochzuspringen, wenn ein Defensivbrutalo zur Sense ansetzte? Waren die Knöchel damals einfach technisch noch nicht so ausgereift wie heute?

Dieser Spieler (nennen wir ihn „Alain Sutter“) stretcht seine Adduktoren vorbildlich. Kann aber auch sein, dass er einfach nur einen roten Strich am Schenkel und mit Adduktoren gar nichts am Hut hat.

Das Rätsel des Knöchelbruchs wird umso mirakulöser, wenn man sich vor Augen führt, dass in den gesamten sechziger Jahren bis weit hinein in die zweite Hälfte der Siebziger in der Bundesliga kein (!) Fall einer Adduktorenzerrung bekannt ist! Werder Bremens Fußballidol Max Lorenz sagte mir auf Nachfrage mal zu diesem Thema: *„Ach, Adduktoren...! So was gab es bei uns damals noch gar nicht. Die wurden erst viel später erfunden.“*

Heute erscheint jeder Spieler sofort mit Berater, Leibarzt und mehreren Gutachten beim Vereinsheim, um seine Freistellung vom Training zu erwirken, weil er sich den Schnürsenkel gerissen hat. Früher, so Max Lorenz, hat man Verletzungen eher mal verschwiegen, um am Samstag spielen zu dürfen. Und weil man noch nicht ausgewechselt werden durfte, war das dann immer eine Entscheidung für 90 Minuten, und mit so einem Schnickschnack wie einer Adduktorendingsbums hat man dann eben einfach durchgespielt, weil man sowieso nicht wusste, dass man Adduktoren HAT.

Max Lorenz: Begnadeter Fußballer, der niemals Adduktorenprobleme hatte. Es waren andere Zeiten. Man besaß ja nichts damals. Schon gar keine Adduktoren.

Im Grunde verhält es sich damit wohl genauso wie bei Dostojewski (Spartak Moskau), der mal gesagt hat: *„Der Mensch ist unglücklich, weil er nicht weiß, dass er glücklich ist. Nur deshalb. Das ist Alles! Wer das erkennt, der wird glücklich sein, sofort im selben Augenblick“*

Wir transferieren das einfach mal auf die Bundesliga und stellen fest: *„Der Profi hat eine Adduktorenzerrung, weil er weiß, dass er Adduktoren hat. Nur deshalb. Das ist alles. Wer glaubt, dass er keine hat, der wird auch keine Adduktorenzerrung mehr verspüren, sofort im selben Augenblick.“*

Was am Mysterium „Knöchelbruch“ leider auch nichts ändert.

Berti Vogts während der WM 1978 an der legendären Hammondorgel des berüchtigten Franz Lambert.

Frosch-Perspektiven und Fotobeweise

...oder: Aus ist meistens, wenn die Haupttribüne besonders laut brüllt

(Februar 2006)

Fußballzuschauer sind besonders in einer Beziehung ein absolutes Phänomen: Sie können halb-blind sein oder unter einer Kurzsichtigkeit von –60 Dioptrien leiden, aber dennoch sind sie in der Regel von felsenfester Überzeugung, die meisten noch so komplizierten, entscheidenden Sachverhalte besser bewerten zu können als ein Schiedsrichter mit Adleraugen, der den strittigen Moment aus einem Meter Abstand erleben durfte.

Nehmen wir eine Szene aus dem Spiel Wolfsburg – Leverkusen aus dem Herbst 2005. Der Leverkusener Roque Junior und der Wolfsburger d'Alessandro beharken sich, d'Alessandro fällt (zugegebenermaßen sehr albern theatralisch) auf den Rasen, Roque Junior sieht daraufhin die Rote Karte. Was war passiert? Alle Fernsehsender bezeichnen diese Entscheidung als „lachhaft", obwohl sie ihren Zuschauern die Szene nur von hinten zeigen konnte – und obwohl der beteiligte Schiedsrichterassistent nur einen Meter danebenstand und die Szene von vorne sehen konnte.

Der Schiriassistent ist eigentlich ziemlich gut postiert, hatte aber nach Ansicht der Bayer-Offiziellen einen schlechteren Blick ...

... als Rudi Völler, der das Ganze aus 50 Metern Entfernung nun aber wirklich gaaaanz anders gesehen hatte.

Und so etwas passiert permanent. Stürmer werden mit Steilpässen geschickt – Zuschauer von der Gegentribüne (Entfernung zur Szene: 60 Meter) sind sicher, dass der Ball beim Pass nicht im Aus war, obwohl ein Schiri-Assistent (Entfernung: 4 Meter) daneben stand. Wobei es nicht nur auf die Entfernung, sondern vielfach auch auf die Perspektive ankommt, aus der man eine Szene sehen kann. Beliebt ist z.B. dies: umstrittenes Tor wird gegeben oder nicht gegeben, Ball war eventuell ganz, eventuell auch nur halb über der Torlinie. Was macht das Fernsehen? Zeigt uns die Szene aus der *Hintertorkamera* ... also aus der einzigen Perspektive, aus der man nun wirklich *gar nichts* beurteilen kann. Und der Reporter kommentiert das Ganze mit: *"Also, hier nun wirklich eindeutig zu sehen, dass der Schiri ganz falsch lag!"*. Und dabei ist es meistens auch ganz egal, ob das Tor auch nach Aussage eines Schiedsrichterassistenten gegeben wurde, der die Szene seitlich sehen konnte, also viel besser.

Die Fotos auf der nächsten Seite sollen illustrieren, dass man nicht alles unbedingt glauben sollte, was man so im Fernsehen sieht. Diesen Minipli-mit-Schnäuzer-Typ, der vermutlich in den 70er Jahren mal Mitglied der Popgruppe Dschinghis Khan war, würde ich definitiv auch nicht freiwillig küssen. Giovane Elber sollte aber mal ernst haft überdenken, ob er so was wie auf dem Bild nicht durchaus tragen könnte.

Giovane Elber: *Etwas unorthodoxe Frisur, aber irgendwie männlich-verwegen. Hat was.*

... oder besser: HÄTTE, denn die Frisur gehört bei genauerem Hinsehen dem zufällig hinter Elber auftauchenden Patrick Weiser (Wolfsburg).

Gut, die Geschmäcker sind verschieden. Aber sollte man DEN wirklich so verzückt küssen...???

NEIN, Gott sei dank nicht. Hinter dem Kettensägenmörder auf der Duisburger Tribüne stand glücklicherweise noch eine Frau ohne Schnäuzer.

Wichtiger noch als undurchsichtige Kuss-Szenen sind umstrittene Tore. Umstrittene Tore stellen im Leben eines Fußballfans etwas ganz besonderes dar. Man kann sich über eine vermeintlich zu Unrecht gegebene (oder nicht gegebene) Bude stundenlang die Rübe heiß diskutieren, wird dabei in der Regel nach kürzester Zeit a) erst belehrend, dann b) laut und schließlich c) beleidigend, und von einer groben Fehlentscheidung, die z.B. zum Ausscheiden in einem Pokalwettbewerb geführt hat, hat man als Fan jahrelang etwas. Weil es nie aufhört, wehzutun. Nehmen wir die Fans des 1.FC Kaiserslautern. Die mussten im Pokal-Achtelfinale 2005/06 gegen Mainz 05 ins Elfmeterschießen und schieden möglicherweise aus, weil einer ihrer Elfer möglicherweise im Tor war, ohne dass es der Schiedsrichter möglicherweise sehen konnte. Alleine schon die erstmalig in meinem Leben gleich dreifache Erwähnung des Begriffes „Möglicherweise" innerhalb eines einzigen Satzes allerdings zeigt, dass es nicht immer so einfach ist mit der Entscheidung „drin oder nicht drin".

Ein Standfoto kann das Lauterer Leiden nur unzureichend lindern. Dies hier...:

...nahmen Zeitungen erstaunlicherweise als *„eindeutigen Bildbeweis dafür, dass der Elfer von Zandi (Kaiserslautern) im Tor war."*

Das Problem ist: Dieser Ball ist nichts als ein verwischter Fleck, noch nicht ganz auf dem Boden, und die Aufprallstelle ist vom Pfosten halb verdeckt. Die Kugel könnte drin gewesen sein, in der Tat. Könnte aber auch noch mit 3 Zentimetern auf der Linie gewesen sein, oder? Ein Bildbeweis jedenfalls ist das nicht. Es ist Müll.

Aber Müll gleicht sich bekanntlich im Laufe einer langen Saison immer wieder aus, und deshalb ist wenige Tage nach dem schändlichen Betrug am 1.FC Kaiserslautern das nun folgende passiert – auch wieder mit einem eindeutigen Bildbeweis: Der Duisburger Caligula (oder so ähnlich) war im Lauterer Strafraum mitleiderregend gefallen, aber das wohl aus freien Stücken. Elfmeter gegen Kaiserslautern gab es trotzdem.

Über die Schwalbe waren sich im Grunde alle einig. Erstaunlicherweise aber druckte eine große Boulevardzeitung am Tag danach das hier ab:

TV enthüllt
Keine Schwalbe von Caligiuri

Ganz Lautern nach dem 2:2 in Duisburg auf dem Baum. Der Grund: Schiedsrichter Dr. Felix Brych (München) übersah beim 1:0 eine klare Abseitsstellung von Torschütze Markus Kurth. Brych gab zu: „Eine Fehlentscheidung." Noch mehr erzürnte Lauterns Trainer Wolfgang Wolf der Elfer zum 2:0: „Eine klare Schwalbe von Marco Caligiuri!" Doch die TV-Bilder bewiesen das Gegenteil. Pech für Wolf, der auch noch Ärger von MSV-Trainer Jürgen Kohler bekam: „Ein Unding von meinem Kollegen, daß er meinen Spieler öffentlich an den Pranger stellt."

▲ Der TV-Beweis: Lauterns Béda (l.) berührt MSV-Mann Caligiuri im Zweikampf. Strafstoß gerechtfertigt Foto: PREMIERE

Teuflischer Protest: Lautern-► Trainer Wolf (2. v. r.) beschwert sich bei Schiri Brych über den Elfer-Pfiff

(aus: Bild)

Der „Fotobeweis" verliert allerdings einiges von seiner Schnuckeligkeit, wenn man ihn sich genauer ansieht (was man wohl besser nie tun sollte, wenn man den Glauben an die Seriosität der Boulevardjournaille nicht erschüttern will):

Linker Fuß (rot) soll rechten Fuß (weiß) gefoult haben. Der rechte Fuß mitsamt dem restlichen Körper bekommt jedenfalls einen Elfer. Schlagt mich ruhig, aber: Sieht man nicht vielmehr nur, dass der rechte Fuß auf den linken drauftritt? Für *„auf den Fuß getreten werden"* gibt es allerdings normalerweise keinen Elfer. Also, auch hier: Voll der Beweis.

Aber nehmen wir ein noch schillernderes Beispiel: **Den** Klassiker der Fußball-Weltgeschichte! Das „Wembley-Tor", das im Jahr 2006 seinen 40. Geburtstag feiert. Es bescherte England die vorentscheidende 3:2-Führung im WM-Finale 1966.

Hurst schießt... Latte!! Linie?!? Tor??? Jepp, Tor! England Weltmeister. Deutschland beschummelt. Geschätzter Aufenthaltsort des Balles: Berührt die Linie, eher leicht davor.

Alleine vom berühmtesten Nicht-Tor der Fußball-Weltgeschichte existierend irritierend unterschiedliche Fotos. Während es auf dem ersten Foto oben noch so aussieht, als sei der Ball wohl so ungefähr genau auf der Linie gewesen, tauchte dann dieses hier auf *(bitte umblättern)*:

Wo ist der Ball genau? Nun...

...geschätzte 20 Zentimeter vor der Linie, oder?

Interessant ist der Umgang der bevorteilten Briten mit diesem Tor. Die Nation, die geradezu manisch das Fairplay im Fußball kultiviert hat, kommt nur sehr schlecht mit dem Makel klar, ihren einzigen großen Erfolg durch eine Fehlentscheidung errungen zu haben. Der Torschütze Geoff Hurst sagt bis heute, es müsse wohl ein Tor gewesen sein, weil sein Kollege Martin Peters nahe dabei war und gleich gejubelt hat.

Das englische Buch *„World Cup Report"* druckte dieses hanebüchene Bild...:

„Fotografischer Beweis, dass der Ball die Linie überquert hatte."

Das Problem hierbei ist: Der Ball auf diesem Foto ist weder komplett drin, noch ist er auf dem Boden. Der Schatten allerdings könnte durchaus drin sein, aber der WM-Titel im Schattenfußball ist eher wenig wert.

Legen wir nun quasi alle 10 Finger in irgendwelche Wunden, die sonst unter den Teppich gekehrt worden wären (Paul Breitner). Wir haben gelernt: Die Fußball-Weltgeschichte ist voll von Fotos, die angeblich irgendetwas „eindeutig belegen“. Dummerweise belegen die meisten von ihnen nur, dass man in jede Perspektive etwas hineininterpretieren kann, was möglicherweise gar nicht zu sehen ist.

Und das möchte ich mit einem sensationellen, wenn nicht gar bahnbrechenden Selbstversuch abschließend kurz belegen. Ich habe auf meiner Playstation ein paar umstrittene Szenen aus verschiedenen Perspektiven fotografiert. Jede könnte für sich als „eindeutiger Bildbeweis“ genommen werden. Also mal los:

Hier würden Boulevard-Reporter von einem eindeutigen Beleg für ein klares Tor schreiben, gell?

Dies ist derselbe Moment aus anderer Sicht. Hoffen wir für den Boulevard-Reporter, dass dieses Foto nirgendwo auftaucht.

Zwei „Bildbeweise“ also hätten wir schon mal. Einen für „klares Tor“, einen für „klar auf der Linie“. Beide zeigen dieselbe Hundertstelsekunde. Noch ein Beispiel *(bitte umblättern)*:

Hier würde ein TV-Reporter mögli-cherweise aufjauchzen „Eindeutig mit vollem Durchmesser über der Linie!“

...eine Behauptung, die allerdings schon durch diesen minimal veränder-ten Blickwinkel völlig pulverisiert wird.

Zurück zum richtigen Fußball-Leben: Schön ist ja, dass selbst modernster Technik-Schnickschnack das Problem nicht lösen kann:

Nehmen wir mal dieses Bild aus dem Pokal-Viertelfinale Bayern München – Mainz 05. Ze Roberto schießt gleich einen Freistoß. Die Torentfernung beträgt laut ZDF 19,10 m.

Wenn wir uns mal die Strafraumlinie anschauen, die laut Regelbuch 18 Yards misst, also etwa 16 Meter 45, dann kommen wir selbst unter Berücksichtigung der leicht schrägen Position des Balles zum Tor zu dem Resultat, dass das Spielgerät laut ZDF also genau 2.65 m vor der Strafraumlinie liegen muss.

Wenn der Ball hier tatsächlich 2,65 m von der Strafraumlinie entfernt liegt, dürfte Zé Roberto gut 3 Meter groß sein.

Fazit: Jeder Ball lässt sich irgendwie reinfilmen, Zé Roberto passt bei genauerer Analyse durch keine Tür und das Wembley-Tor war ein bisschen drin, aber auch ganz weit vor der Linie. Am besten einigen wir uns auf: *„Es ist schließlich nur ein Spiel."*

Olli Kahns kleine Ausredenfibel

...oder: Der Rhythmus, wo jeder mitmuss

(September 2005)

In einem früheren Kapitel dieser bisweilen unterschätzten Kolumnenserie erinnerte ich daran, dass Stars der sechziger Jahre das Wort „Adduktoren" noch nicht kannten und nur deshalb praktisch nie eine entsprechende Verletzung haben konnten. Ähnlich ist es mit Fehleranalysen anno 2005: Manche Probleme wurden in den letzten Jahren nur deshalb zu Problemen, weil die Spieler jetzt einen Namen dafür haben.

Wenn heutzutage eine Mannschaft von ihrem Gegner abgefiedelt wird, weil die Verteidiger in einer Tour pennen, sagt der Trainer nicht: *„Meine Jungs haben einfach permanent gepennt!"*. Nein, als Begründung kommt meistens: *„Wir sind nicht in die Zweikämpfe gekommen und standen zu weit von unseren Gegenspielern weg!"*. An dieser Stelle runzle ich stets unweigerlich die Stirn. Ich frage mich dann stets: Hat man als Verteidiger nicht einen gewissen, gar nicht mal so kleinen Einfluss darauf, wo man *„steht"*? Und ob man *„in Zweikämpfe kommt"*?

Ein Vergleich: Ich stehe manchmal zu weit von meinem Rasenmäher weg, was dann immer bedeutet, dass der Rasen ungemäht stehen bleibt, obwohl ich ihn doch unbedingt mähen wollte. Ich bin dann so was von *„nicht ins Rasenmähen gekommen"*, aber: Muss man anschließend wirklich umständlich analysieren, woran das liegt? Ich war dann wohl zu faul und hatte was Schöneres vor, nehme ich mal an.

Manchmal komme ich auch nicht in eine Straßenbahn. Dann war ich eigentlich immer zu langsam, oder ich bin zu spät losgegangen. Nicht akzeptieren würde mein Arbeitgeber vermutlich, wenn ich als Standardausrede für nicht rechtzeitiges Erscheinen im Dienst angeben würde: *„Ich weiß auch nicht, woran es lag, aber ich bin heute irgendwie nicht in die Straßenbahn gekommen!“.*

Ein Verteidiger, dem ich als Trainer mit folgenden eindringlichen Worten kräftig am Ohrläppchen ziehe: *„HEEH, DU STEHST ZU WEIT VON DEINEM GEGENSPIELER WEG!“,* der geht dann halt anschließend einfach ein paar Schrittchen näher ran an Herrn Ronaldinho, Makaay oder Klose. Und wenn er das trotz aller konkret geäußerten Bitten nicht schafft, ist er wohl zu langsam. Oder zu faul. Beides wäre folglich eine treffendere Analyse als irgendwelches „Standen-zu-weit-weg-und-kamen-nicht-in-Zweikämpfe“-Blabla: *„Ja, der Christian Wörns war heute zu faul für so manchen Zweikampf, und für Roy Makaay ist er einfach zu lahm.“.* Das wäre endlich mal ehrlich!

Kahn-Rhythmusproblem gegen Werder Bremen

Noch schlimmer als das Gerede von Zweikämpfen ist das sogenannte „Nichtfinden irgendeines Rhythmus“. Olli Kahn hat dieses Problem häufig. Immer, wenn er irgendeinen eigentlich leichten Ball abprallen oder durchrutschen lässt, wie in Yokohama, München, Split oder Nürnberg geschehen, dann war der Rhythmus schuld. *„Ich habe die ganze erste Halbzeit gebraucht, um wieder in den Rhythmus zu kommen!“* hat Kahn sogar gesagt. Fünfundvierzig Minuten für einen Rhythmus. Worin aber besteht der Rhythmus bei einem Torwart? Muss Kahn sich erst mal mühsam verinnerlichen, dass man beim Gehen das linke und das rechte Bein unbedingt abwechselnd zu benutzen hat, um nicht auf die Schnauze zu fallen? Finden seine Paraden in Wirklichkeit nach einem streng einzuhaltenden, immer gleich bleibenden Zeitschema statt?

Massives Kahn-Rhythmusproblem im WM-Finale 2002 gegen Brasilien

Oder war es in Nürnberg nicht viel mehr so, dass er da einfach nicht ausreichend aufgepasst hat? Ehrlich wäre also die folgende Erklärung gewesen: *„Ich habe ein bisschen vor mich hingeträumt, und da ist mir das Ding eben ganz doof durch die Beine geschnubbelt."* Aber das würde vor TV-Kameras nicht annähernd so wichtig klingen wie *„Ich war einfach nach der langen Pause noch nicht im Rhythmus!"* (Zitat Kahn) *oder „Oliver hat die Pause nicht gut getan. Er war einfach nicht im Rhythmus!"* (Zitat Magath).

Sieht ein bisschen aus aus wie Schuhplattlern: Vergebliche Rhythmussuche in Nürnberg, September 2005

Ich sage jetzt mal brutal offen, wie es ist: Wenn ich in unserer Freizeitmannschaft einen Ball neben das leere Tor schiebe, war nie der Rhythmus Schuld. Ich war dann einfach zu schlecht. Das ist menschlich. Sogar bei Olli Kahn. Deshalb würde ich es sehr begrüßen, wenn er irgendwann mal ganz überraschend einen Satz sagen könnte wie: *„Da habe ich einen Riesenfehler gemacht. Ich weiß auch nicht, wie mir das passieren konnte. So was Dummes!"*.

Einigen wir uns doch einfach darauf, dass ein guter Rhythmus auf der Tanzfläche wichtig ist, vielleicht beim Treten in eine Rennradpedale und möglicherweise auch manchmal beim Geschlechtsverkehr. Aber im Tor, lieber Olli Kahn, muss man eigentlich immer nur aufpassen, ob da irgendwo ein Ball kommt, und den muss man dann halten. Ganz unrhythmisch.

Wenn du das mal irgendwann nicht mehr schaffst, kannst du immer noch meinen Rasen mähen. Ich könnte mich dann zeitgleich bemühen, nicht zu weit weg von meiner Hängematte zu stehen.

Kahn-Rhythmusproblem gegen Real Madrid

Kahn-Rhythmusproblem gegen Juventus Turin

Rätselbild: Einer von beiden Spielern hat seinen Rhythmus noch nicht gefunden. Welcher ist es?

So ist es richtig: Kein hektischer Aktionismus. Stattdessen geduldiges Warten auf das Eintreffen des Rhythmus

Glanz und Elend von Fußballreportagen

...oder: Nötige Arten und unnötige Unarten

(Oktober 2005)

Was ist eigentlich das Gegenteil von „Schatz"? Ach, wenn ich das doch nur wüsste. Dann könnte ich nämlich im Folgenden auch viel stimmiger über das Gegenteil von „Wortschatz" schwadronieren. Das Wort „Wortschatz" sagt ja eigentlich aus, dass es sich hierbei um eine Art von glitzerndem Reichtum handelt, der alleine durch die Strahlkraft von Worten erzeugt wird. Oder sagen wir mal so: Im Idealfall sollte das so sein.

Manche Fußballreporter jedoch sträuben sich wehrhaft gegen eine möglichst gehaltvolle, zweckmäßige und doch nett anzuhörende Ausdrucksweise und finden es augenscheinlich mehr als knorke, weite Teile ihrer Arbeit mit dem ellbogentiefen Grapschen in den öligen Schlamm der Phrasengiftkiste zu verbringen. Und die mattgescheuerte Phrasengiftkiste ist vermutlich das exakte Gegenteil der bunten, leuchtenden Wortschatzkiste.

Nicht falsch verstehen: Das war schon immer so und ist kein Grund zu mahnender Besorgnis nach dem Motto „Früher war alles besser!". Wir haben heute im Verlauf eines Fußballkommentars keine „Granaten", „Gewaltbomben" und „Sportskanonen" mehr, wie noch bis weit hinein in die sechziger Jahre. Das hindert aber die jetzige Reportergeneration nicht, sich immer noch viel zu oft selbstverliebt in einem muffigen Brei aus völlig sinnfreien Fußball-Formulierungen zu suhlen, die es so nur in Fußballreportagen gibt, und die dem Hörer einer solchen Reportage nicht nur keinerlei Information bescheren, sondern auch erst recht keinen Lustgewinn in Form einer Reportage, die man auch nach Jahren gerne noch einmal hören möchte.

Reiner Calmund schießt mit einer fulminanten, nicht ungefährlichen Gewaltbombe einen Klops.

Kommen wir endlich zu konkreten Beispielen und nehmen also mal den berühmten *„unnötigen Ballverlust"*. Kommt zuverlässig Woche für Woche in allen Stadien der Republik vor, nur – warum? Es gibt kein Licht ohne Schatten, also muss es neben dem *„unnötigen Ballverlust"* wohl auch einen *„nötigen Ballverlust"* geben. Was aber soll das genau sein, zum Henker? *„Wörns verliert in höchster Not den Ball – das wurde aber auch Zeit!"* ... ? Oder was?

Oder nehmen wir das überaus tragische *„unglückliche Eigentor"*! Was wäre die Alternative dazu? Riesenspaß für die ganze Fußballerfamilie mit vergnüglichen Fun-Eigentoren, die beiden Teams gleichermaßen gefallen? *„Christian Wörns hat für die Zeit nach dem Abpfiff einen Autokorso angekündigt, um sein glückliches Eigentor gebührend zu feiern!"* ...?

In die gleiche Reihe passt auch das legendäre, nicht mehr aus der Fußballreportagekultur wegzudenkende *„Tor zu einem psychologisch wichtigen Zeitpunkt"*. Jeder Reporter faselt etwas Entsprechendes, wenn eine Mannschaft so ungefähr in der 44. Minute einnetzt. Nur: Was wäre denn, wenn dieselbe Mannschaft schon nach 39 Minuten trifft? Machen die Mannschaftskameraden dem Torschützen dann Vorwürfe, nach dem Motto: *„Du Vollidiot – ein psychologisch total wertloses Tor, was du da fabriziert hast! Hättest du nicht noch 5 Minuten warten können?!" ...?*

Standbild zu einem psychologisch ungünstigen Zeitpunkt: Sebastian Kehl (Borussia Dortmund)

Betrachten wir auch die Mannschaft, die das Tor gefangen hat. Sitzt die beim Stand von 0:1 viel glücklicher und ausgeglichener in der Kabine, wenn sie das Tor schon nach 25 Minuten bekommen hat? *„Puh, mächtig Schwein gehabt: Wenigstens war es kein psychologisch ungünstiges Tor!"* Oder andersrum: Wenn das Tor tatsächlich in der 45. Minute fiel, hocken dann eingeschüchterte, zitternde Nervenbündel beisammen und jammern: *„Oh weh, meine Psyche! Ausgerechnet in der 45. Minute! Wir sind verloren!"* ...?

Das blanke Elend: Impressionen zur Halbzeit nach einem Gegentor, das zu einem psychologisch geradezu desaströs ungünstigen Zeitpunkt fiel. Nach einem Bock des eminent unnötigen Torwarts. Oder so.

Egal. Mit „Toren zum psychologisch günstigen Zeitpunkt“ werden wir wohl weiterhin leben müssen, vermutlich. Ebenso wie mit der ewig gleichen Frage an einen Spieler, ob er bei Spielen gegen seinen früheren Arbeitgeber nicht *„besonders motiviert gewesen“* sei. Was soll man da als Spieler antworten? *„Jaaa, klar! Heute war ich endlich mal so richtig heiß, aber in den übrigen 16 Spielen gegen andere Mannschaften ... da bin ich immer nur so mittel motiviert.“*

Schließen wir diesen kleinen Text mit einer unvollständigen Liste nur in Fußballreportagen auftauchender Fremdwörter, ohne die ein Fußballspiel eigentlich durchaus auch ganz gut leben könnte: „Eminent“, „kapital“, „fulminant“. Und werfen wir vielleicht noch die drängende Frage in den Raum, weshalb eine Torszene dauernd *„nicht ungefährlich!!“* ist, aber nur so selten „gefährlich!“. Fordern wir auch die Reporter der „Sportschau“, von Premiere und vom DSF noch kurz auf, doch bitte langsam mal einen dritten und vielleicht sogar vierten launigen Alternativbegriff für den Fall eines „schweren Fehlers“ zu ersinnen, damit nicht immer nur abwechselnd die Wörter *„Bock“* und *„Klops“* auf den Rasen geworfen werden müssen, wenn ein Keeper mal schockierend daneben greift.

Und dann ... beenden wir dieses Kapitel auch schon ganz fix zu einem psychologisch wertvollen Zeitpunkt!

Soccer-Rocker

...oder: Von betrunkenen Megastars am Mikrofon, kleinen Womanizern und kichernden NPD-Rappern

(März 2006)

Singende Fußballprofis böten genug Stoff für ein eigenes Buchprojekt. Würde man allerdings je ein entsprechendes Manuskript schreiben, so wäre das Endergebnis eher ein psychologisches denn ein künstlerisches Buch. Denn nach wie vor ist es unklar, weshalb sich Fußballer dazu überreden lassen, ihren Namen für Solo-Gesangsprojekte herzugeben.

Bei der Beurteilung von Fußball-Schallplatten singender Profis gibt es exakt vier Kategorien:

1. ***Für einen Fußballer eigentlich noch ganz passabel***
2. ***So schlecht, dass es schon wieder gut ist (hoher Trash-Faktor)***
3. ***So schlecht, dass es einfach nur schlecht ist***
4. ***So schlecht, dass man sich beim Hören mitschämt***

Auf den folgenden Seiten folgt ein kleiner Bilderbogen von Verbrechen am Ohr, begangen von großen und weniger großen Fußballern in den letzten fünf Jahrzehnten. Dafür, dass es die Tonträger hier lediglich zu *sehen* gibt, solltet ihr verdammt dankbar und demütig sein. Solltet ihr aus einer merkwürdigen Neigung heraus Kostproben dieses oft ungenießbaren Musikgenres hören wollen, dann fragt einfach nach, falls ihr mal durch großen Zufall bei mir zu Besuch sein solltet. Ich lege dann gerne ein paar heiße Scheiben auf. Zum Beispiel:

1.) Petar „Radi“ Radenkovic: „Bin i Radi, bin i König“ (1965)

Der Song, mit dem in Deutschland alles begann: Der exzentrische Torwart von München 1860 lieferte den ersten Fußballer-Hit überhaupt – und bis heute der Größte (was einiges über die Versuche der folgenden 41 Jahre aussagen dürfte). Erreichte 1965 Platz 5 in den deutschen Charts und hielt sich 19 Wochen in den Hitlisten!

2.) Franz Beckenbauer: „Du allein“ (1967)

Beckenbauer nahm insgesamt vier Songs auf (*„Du allein“*, *„Du bist das Glück“*, *„1:0 für Deine Liebe“* und *„Gute Freunde kann niemand trennen“*), die seinerzeit leidlich charteten, aber bis heute hohes Kultpotenzial besitzen.

3.) Gerd Müller: „Raba da da“ (1967)

Gerd Müllers Gesangsversuche waren Glücksfälle ... für Franz Beckenbauer, der gegen den unbeholfen wirkenden Torjäger plötzlich klang wie ein begnadeter Crooner. Gerd Müllers komplette Discographie: *„Raba da da“*, *„Dann macht es bumm“*, *„Das gibt ein Schützenfest“* und *„Wenn das runde Leder rollt“*.

4.) Sepp Maier: „Die bayerische Loreley“ (1967)

Wenn Du denkst, es geht nicht mehr ... schlimmer, dann kommt von fern der nächste singende Bayernstar daher: Sepp Maiers Ausflug in die Showbranche wurde nur noch durch eine einzige Episode seines Lebens an Sinnlosigkeit übertroffen: Drei Jahrzehnte nach der *„Bayerischen Loreley“* kehrte der Maier-Sepp für eine Art „Kirmestechno-Version“ des Klassikers *„Ein Münchener im Himmel“* sogar noch einmal ins Tonstudio zurück.

5.) Charly Dörfel „Erst ein Kuss...“ (1967)

Viel absurder kann es nicht kommen: Schmächtiger Zwerg mit schütterem Haarwuchs singt mit piepsiger Stimme von seiner absoluten Schwerenöter-Karriere als wahre Womanizer-Kuss-Maschine. Dörfel brachte sich vor wenigen Jahren im NDR-Regionalfernsehen mit der gekonnten Parodie eines Schweines in Erinnerung.

6.) Just Fontaine: „Vas-y, Fontaine“ (1961)

Raffinierte Franzosen! Weil auch der Torschützenkönig der WM 1958, Just Fontaine, nicht so gut singen konnte, wie das Cover der Single aussah, paarte er sich vor dem Mikrofon mit dem Chansonnier Gil Bernard. Der durfte für diese EP drei Songs beisteuern, Fontaine bemühte sich nach Kräften auf dem Vierten.

7.) Ernst Huberty und die Mexicanos: „Juanito Mexico“ (1970)

Ernst Huberty ist natürlich kein singender Fußballer und gehört strenggenommen nicht auf diese Seiten, aber er ist der Beweis dafür, dass man sich mit einem Fünkchen Menschenverstand vor ganz großen Dummheiten schützen kann: Auch diese Single war ursprünglich als Gesangsdarbietung geplant. Huberty lehnte ab und ist auf dieser Single somit nur mit dem zu hören, was er sowieso immer am allerbesten beherrschte: Er kommentiert! In diesem Fall kein Spiel, sondern die Vorfreude auf die WM 1970.

8.) Gerd Müller „Das gibt ein Schützenfest“ (1967/ 1974)

Ähnlich wie bei Franz Beckenbauer veröffentlichte die besonders in Sachen Fußballsongs engagierte Firma Polydor die nur vier Songs des Bayern-Stürmers in bunter Folge mehrere Male. Diese Single erschien zur WM 1974, sieben Jahre nach Entstehung des Songs und mit modernisiertem Cover. Aus der ehemaligen A-Seite *„Dann macht es bumm“* wurde die B-Seite, die vormalige B-Seite *„Das gibt ein Schützenfest“* wurde vor lauter WM-Euphorie auf die A-Seite befördert. Zu mehr als einer Kuriosität reichte es trotzdem nicht.

9.) Johan Cruyff „Oie Oie Oie (Dat was me weer een loei)“ (1974)

Auch die niederländischen Kollegen von Polydor hielten singende Kicker für eine großartige Idee. Natürlich musste es der Star der Stars sein. Dumm nur: Johan Cruyff konnte zum einen ungefähr so gut singen wie Gerd Müller, hatte aber weitaus größere Hemmungen. So ist überliefert, dass er für diese Aufnahme mit Alkohol abgefüllt wurde, um lockerer zu werden. Hat leider nicht geklappt. Cruyffs Single wurde nichts als ein abschreckendes Beispiel: Lieber nicht machen!

10.) Johnny Rep: „Hey Johnny“ (1980) René und Willy van de Kerkhof: „Laat me, als het effe kann“ (1977)

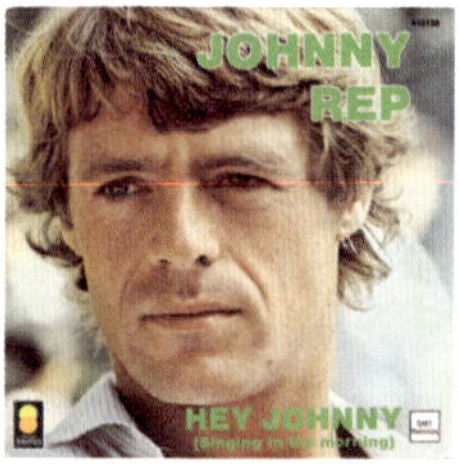

Das abschreckende Beispiel war jedoch nicht abschreckend genug: Cruyff zog einen ganzen Rattenschwanz singender niederländischer Fußballstars hinter sich her. 1977 folgten die Kerkhof-Zwillinge, 1980 Johnny Rep, und später ... siehe weiter hinten.

11.) Jimmy Hartwig: „Mama Calypso“ (1980)

Wer sich für Dschungel-Camps nicht zu doof ist, nimmt auch solche Platten auf. *„Mama Calypso“* war eines von Jimmy Hartwigs großen Problemen. Das andere hieß *„Ich bin immer zu früh“* und geriet genauso katastrophal.

12.) Norbert Nigbur: „44 Beine“ (1969)

Der Schalker Flieger Norbert Nigbur sollte in den späten siebziger Jahren zu einer Art Frauenschwarm aufgebaut werden. Nach seinen stimmlich sehr wackligen Hit-Versuchen musste er sich wieder über sportliche Leistungen im Tor anbieten.

13.) Giorgio Chinaglia „(I'm) Football Crazy“ (1974)

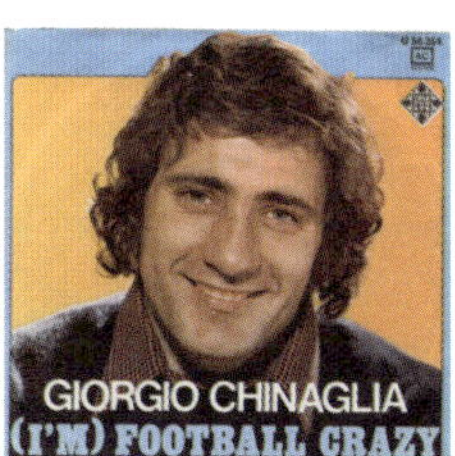

Chinaglia wurde uns weniger durch seine durchwachsene Karriere in Italiens Nationalteam bekannt, mehr aber durch die Tatsache, dass er 1977 Franz Beckenbauers Mannschaftskamerad bei Cosmos New York wurde und dort alle Torrekorde brach. Schon drei Jahre zuvor hatte er sich gesanglich versucht. Mit dem selben verheerenden Ergebnis wie alle Vorgänger in diesem Kapitel, jedoch musikalisch gar nicht mal unangenehm: Für seine mit hohem Stimmchen vorgetragene

Melodie waren musikalisch die Hitlieferanten „Oliver Onions" verantwortlich, die mit *„(I'm) Football Crazy"* einen typischen Mittsiebziger-Discohit gebastelt hatten.

14.) Kevin Keegan: „Head Over Heels In Love" (1979)

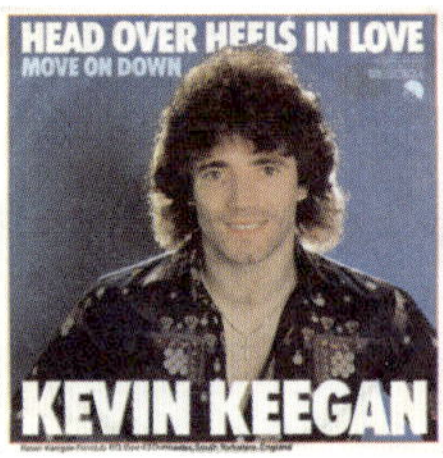

Keegan war 1979 in Hamburg das, was 2006 Raphael van der Vaart werden soll: Der größtmögliche Megastar in einem ansonsten guten, aber nicht überragenden Kickerensemble. Seine Popularität brach Ende der siebziger Jahre im selben Tempo über die Hansestadt herein, wie die Popularität der Disco-Welle schwand. Dennoch schaffte Keegan 14 Jahre nach Radenkovic den größten Chart-Hit eines singenden Fußballers in Deutschland. Möglicherweise, weil er ähnlich wie Chinaglia auf bewährte Hilfe gebaut hatte: *„Head Over Heels In Love"* klingt wie ein Hit von „Smokie" (1979 eine ganz große Nummer!), weil er von deren Köpfen Chris Norman und Pete Spencer geschrieben und produziert wurde.

15.) Pelé: „Meu Mundo e uma Bola" (1977)

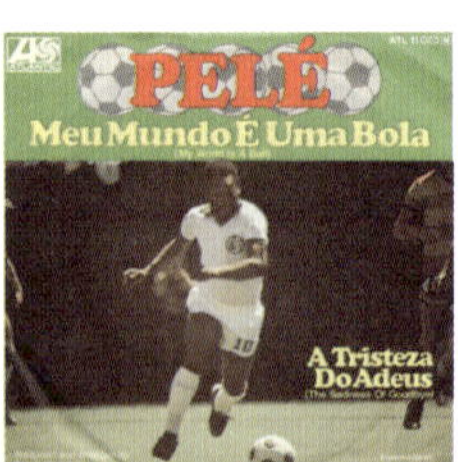

Noch ein größerer Star am Mikrofon, noch eine hochkarätigere Produktion: Pelés *„Meine Welt ist ein Ball"* wurde von Sergio Mendes geschrieben und eingespielt. Pelé seinerseits ist kein Bossa Nova-Weltmeister, aber hat ein hörbares Gespür für die richtigen Töne, was man in diesem Kapitel nicht von vielen Protagonisten sagen kann.

16.) Stephan Engels und Paul Steiner: „Fussballshow“ (1982)

Wer in Köln zur falschen Zeit am falschen Tresen sitzt, kommt leicht schon mal auf die eine oder andere Schnapsidee. Diese Single gehört dazu. Abgesehen vom obligatorischen talentfreien Stimm-Gegrätsche leidet diese Produktion zudem ein wenig unter mangelnder „Credibility“: Engels und vor allem Steiner waren für so manches bekannt, aber nicht unbedingt für besonders spektakuläre *„Fußballshow“*.

17.) Ruud Gullit: „Not The Dancing Kind“ (1984)

Ruud Gullit hätte man irgendwie mehr Gespür für Coolness zugetraut. Auf dieser Single vereinigt sich alles, was die Achtziger musikalisch an Abgründen zu bieten hatten: Der geballte Sound von Plastikrhythmus und Synthie-Gequietsche. Das Cover tut ein übriges: Wer erklären kann, weshalb Gullit offenbar in einer Toilette oder Dusche steht und beide Fäuste vor der Brust ballt, möge sich bitte kurz melden....

18.) Marco van Basten en Frank Rjkaard: „Het is fijn en Jtalie te zijn“ (1990)

...und wenn ihr euch wegen der Gullit-Single meldet, dann erklärt mir doch bitte auch noch rasch, was *das* hier soll.

19.) Klaus Schlappner: „Schlappi Räp" (1985)

Meine Güte! Deutschland hatte sich mühsam von den singenden Müllers und Beckenbauers erholt, als genau 20 Jahre nach Radenkovic plötzlich der wenig sympathische Klaus Schlappner die Bühne betrat, um zu – rappen. Singen ging wohl gar nicht, rappen allerdings streng genommen auch nicht: Um irgendetwas Verwertbares aufs Vinyl zu bekommen, hat der seinerzeit unglaublich penetrante Waldhof-Trainer ein paar pseudokomische Plattsätze runtergeleiert, die das übrigens u.a. aus „Gottlieb Wendehals" bestehende Produzententeam dann etliche Male wahllos über einem Billig-Beat abfeuerte. Sprüche wie *„Lieber ene Hut uff'm Kopp als nix inne Birne!"* wurden durch inflationär dahintergeschnittenes, heiseres Schlappi-Gekicher noch schlimmer als sie ohnehin schon wären. Und die spätere NPD-Kandidatur des „Rappers" bei Kommunalwahlen in Rheinland-Pfalz hilft dem Sympathiewert dieser schwarzen Stunde deutscher Tonträgerkunst auch nicht wirklich auf die Sprünge.

20.) Hans Krankl (a.k.a. „Johann K."): „Der Bätman bin i" (1989)

Kommen wir zur Auflockerung mal wieder zu jemandem, der es kann: Überraschenderweise hat Hans Krankl im Vergleich zu den meisten anderen Namen dieses Kapitels wirklich Stimme, Feeling und Musikalität. Seine musikalischen Abenteuer sind daher umfangreicher und ergiebiger als die der kickenden Sangeskollegen: Er war Sänger einer Band namens „Kottans's Kapelle“, singt unter dem Namen „Johann K.“ und nahm zuletzt sogar zwei erstaunlich gute, loungige (!) Weihnachtslieder (!!) auf. Außerdem beeindruckte er lange Jahre als Radio-DJ in Wien mit einer gut abgehangenen Musikauswahl in seiner Late Night-Musiksendung „Der Nachtfalke“.

21.) Jean-Marie Pfaff „...jetzt bin ich ein Bayer“ (1984)

Was soll man sagen? Ein radebrechender Torwart freut sich, dass er mal Belgier war (!) und nun Bayer ist (!!). Was schon bizarr genug ist, wird getoppt durch die B-Seite *„Wir zwei“*, auf der Pfaff gemeinsam mit einem belgischen Kinderstar namens „Fenna“ ein sozialkritisches Lied über ganz viele schlimme Dinge singt, das allerdings in dem achzelzuckenden Refrain „Wir zwei können daran nichts ändern“ ein bisschen von seinem Aktivisten-Flair verliert.

22.) Junior: „Pagode da Selecao“ (1982)

Siehe Krankl! Noch einer, der es kann! Leovegildo Lins da Gama Júnior, kurz “Junior”, war einer der großen Stars des brasilianischen Fußballs in den späten Siebzigern und frühen Achtzigern. 70 Mal trat er für die Selecao an, die er auf dieser Single gekonnt besingt. Junior hat zahlreiche Songs selbst geschrieben und erfolgreich gesungen.

23.) Paul Gascoigne: „Geordie Boys“ (1990)

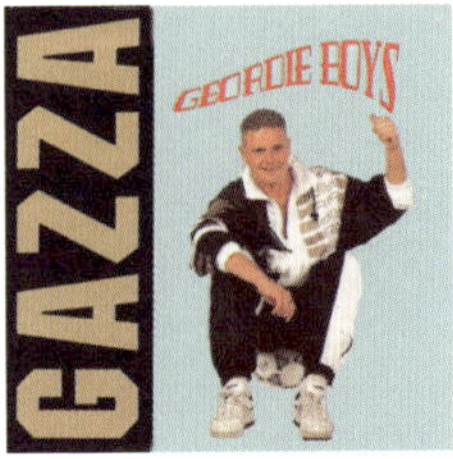

Was für eine Enttäuschung! Von Gazza hätten wir einen extrem glaubwürdigen Pubrock-Gassenhauer erwarten dürfen, aber nicht derart hingerotzten Billigschrott. Schade. Dafür ein Single-Cover mit Poster. Wenigstens etwas.

24.) Thomas Brdaric „Die wilde 13“ (2004)

Nicht auch das noch!!! Der „Godfather of Quäkstimme“ hat zugeschlagen. Lieber Thomas, wenn Du das hier liest: Wenn mich eh schon niemand mag (inklusive des Bundestrainers), und wenn ich eh schon absolut jedem auf die Nerven gehe, dann muss ich nicht auch noch SINGEN!!! (Jedenfalls nicht mit den bei Dir offenbar gegebenen Stimmband-Vorgaben!). Und einen hämischen Song zu machen, in dem man allen Torhütern dumm kommt, die mal irgendwann böse zu Dir waren, ist irgendwie auch der Inbegriff unlockerer Biederkeit. Such Dir irgendein Hobby.

25.) Carsten Ramelow „Sing When You're Winning" (2005)

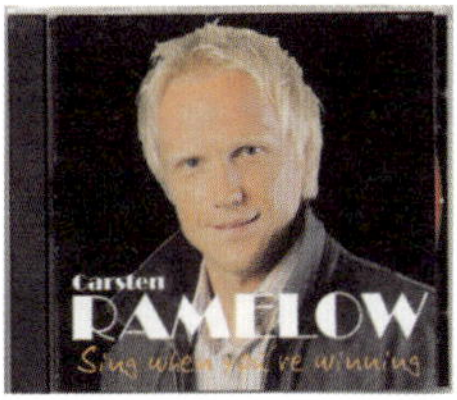

Den tieferen Sinn dieser Veröffentlichung muss man auch nicht zwingend begreifen. Ein sportlich nicht mehr so ganz angesagter Durchschnittskicker covert die Backstreet Boys, die No Angels (ungefähr drei Jahre nach Überschreiten deren musikalischen Haltbarkeitsdatums) und – Lionel Richie! Und nennt seine CD dann genau so wie eine von Robbie Williams. Ramelow ist nicht direkt unmusikalisch, ignoriert aber die Tatsache, dass das „Nicht-grob-an-Tönen-vorbeisingen" auch nicht viel nützt, wenn man dies ohne nennenswerte Stimme tut. Die Musik klingt nach Karaoke-Box, und die CD wäre auch besser in einer solchen entstanden – mit einer entsprechenden Auflage von einem Exemplar. Die Frau oder die Mama, oder gar die Frau Mama hätten sich sicher gefreut.

Männer mit Hüten

(Oktober 2005)

Hach, der Fußball steckt so sehr voller ungelöster Fußball-Rätsel! Und nach einem solchen Satz muss normalerweise eine etwas versoffene Stimme (bevorzugt: Ruhrpottdialekt) sagen: *„Ja, genau dat is' doch, wat den Fußball so schön macht!"* Im Ruhrpott sagen sie übrigens auch gerne mal "Fussek" als Kosewort für Fußball, aber das tut hier nichts zur Sache.

Also, kommen wir zu einem ungelösten Rätsel. Wer sich gerne alte Fußballspiele (schwarz-weiß, merkwürdig quäkender Reporter, orchestrale Tanzmusik im Hintergrund) ansieht, sollte mal bitte genau auf die Zuschauerränge achten. Was sieht man da? Männer mit Hüten! Soweit das Auge reicht! Alle Tribünen eines Fußballstadions waren früher überflutet von Männern mit Hüten. Die wenigen Fußballfans ohne Hut trugen eine Tolle und wurden "Halbstarke" genannt, was man auch an der besonders brutalen Benutzung einer sogenannten Tröte erkennen konnte, die seinerzeit noch völlig ohne FCKW funktionierte.

Die Haupttribüne des Weser-Stadions in der Blütezeit der "Männer mit Hüten"-Ära

Etwas anderes gab es damals praktisch nicht: Männer mit Hüten und Halbstarke mit Tröte. Erschwerend für die Ergründung dieses Phänomens (also hier: die Entschlüsselung dieses Kleidercodes) kommt hinzu, dass damals scheinbar alle Männer mit Hüten auch noch beige Mäntel desselben Fabrikats trugen. Und da sage noch einer, früher sei alles schöner, wärmer und weniger anonym gewesen! Man stelle sich mal einen folgende Situation vor: Ein Sechsjähriger, der vor dem Stadion mit Mama auf den Vater wartet und verzweifelt versucht, *"Paps"* (so nannte man den Vater mit Hut damals, vgl. *"Lassie"*) zielsicher aus 60.000 hellbraun bemäntelten "Männern mit Hut" herausfischen soll. Ein Alptraum („Psycho"-Geigen im Hintergrund, abertausende identisch aussehender Männer hasten wortlos vorbei).

Wo aber sind sie heute, die Männer mit Hüten? Schaut euch im Stadion um: Sie sind immer noch da! Allerdings nur noch ganz selten. Sie behaupten ihren Platz meistens auf der Haupttribüne, inmitten von Fans aller Gattungen, Formen, Rassen und Geschlechter. Sie tragen heute keine Hüte mehr, sondern in der Regel Bommelmützen. Jene Art Bommelmützen, die besonders behäbig autofahrende Verkehrsteilnehmer generell tragen, was sie laut einer wenig bekannten Verkehrsvorschrift vermutlich sogar müssen. Und seit ca. 1974 tragen diese Männer im Stadion zusätzlich Herrenhandtäschchen. Dieses Accessoire haben die meisten Bommelmützenfans bis heute aus purem Trotz und ungeachtet der weltweit gültigen Ächtung von Herrenhandtäschchen beibehalten.

Robert Huth (ohne Bommel)

Zusätzlich zu diesem äußerlichen Merkmal erkennt man sie an dem, was sie aufs Spielfeld rufen. Bommelmützen-Haupttribünen-Fußballfans begeistern ihr Umfeld durch eine herrlich vereinfachte Sicht des Spielgeschehens im Besonderen und des Fußballs ganz allgemein. Gewöhnlich können sie genau erklären, was da gerade schief läuft (und eigentlich läuft bei ihnen IMMER etwas schief), denn sie waren damals schon Fan, als alle noch Hut und Mantel trugen, sie selbst jedoch Tolle und Tröte.

Von Bommelbemützten hört man im Stadion niemals Aussagen wie *"Taktisch ist das ein hochinteressantes Spielchen!"* oder *"Unsere Hintermannschaft steht zu tief im Raum!" oder "Unsere Stürmer hängen in der*

Luft, weil das defensive Mittelfeld nicht schnell genug nachrückt und der Gegner die Räume geschickt eng macht!". Nein, Bommelmützeneigentümer vereinfachen die Kommunikation auf der Stadiontribüne gekonnt auf das Wesentliche. Ich hatte früher mal einen entsprechenden Tribünennachbarn, von dem ich in 90 Minuten immer nur zwei Worte zu hören bekam, die er meistens mit einem leicht beleidigt klingenden, monotonen Timbre aufs Spielfeld schleuderte: *"NACH VORNE!!!!"*. Die einzige Variationsmöglichkeit dieses Kommandos, stets bei Rückständen angewandt, bestand darin, dass jeder Spieler der eigenen Mannschaft spätestens beim zaghaften Überschreiten der Mittellinie mit Ball am Fuß hemmungslos angebrüllt wurde: *"MENSCH, NUN SCHIESS DOCH ENDLICH!!!!"*

Das ist dann auch schon der elementarste Teil der Fußballphilosophie eines Bommelmützenfans in Gänze. Hinzu kommen zur Abrundung des Bommelmützen-Gesamtbildes noch drei Kleinigkeiten: 1.) Jeder Bommelmützenfan hat ein Feindbild innerhalb der eigenen Mannschaft. Dieser Spieler wird ab der ca. vierten Spielminute mit vernichtenden, hämischen Kommentaren überzogen. Meistens trifft dies einen Spieler, der entweder zu alt oder zu jung ist oder zuviel Geld verdient.

Marc van Bommel (ohne Hut)

Damit wären wir auch schon bei Punkt 2.):
Generell wird in der Halbzeitpause beim Pinkeln oder am Bratwurststand dem wildfremden Vordermann zugeraunt, dass die *"sowieso alle zuviel Geld verdienen"*, und das wird immer mit fragwürdigen Vergleichen verknüpft, die immer ungefähr so lauten: *"Für die 5 Millionen, die der Ballack verdient, muss ich ein ganzes Jahr arbeiten!"*

Der wichtigste Punkt aber ist Punkt 3.): Bommelmützenfans wollen sich ihre schlechte Laune auf gar keinen Fall verderben lassen. Schon gar nicht durch ein schönes Fußballspiel.

Farewell, guter alter UEFA-Cup!

(November 2005)

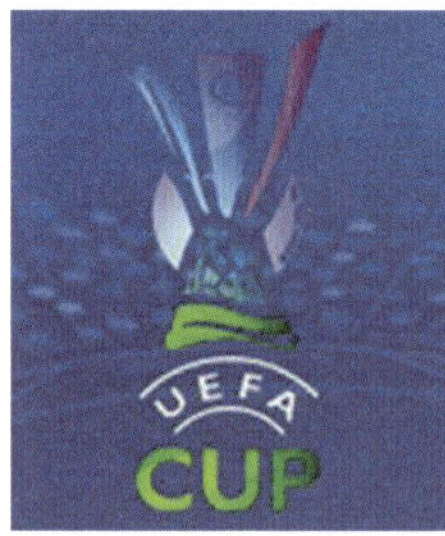

Als ich klein war (und Boy, war ich mal klein!), waren UEFA-Cup-Spiele richtige Feiertage. Richtige!
Da gab es Spiele wie FC Liverpool - FC Barcelona, HSV – FC Porto oder Olympique Marseille – Manchester United. Meistens wurden die Spiele nicht übertragen, irgendwelcher Rechte-Quatsch war schuld. Und wenn doch, dann bestimmt so spät und zeitversetzt (so was gab es damals auch!), dass ich längst in der Heia lag - und vermutlich von Live-Übertragungen träumte. Feiertage!

Heutzutage behauptet das DSF vor UEFA-Cup-Spieltagen tatsächlich auch immer, dass es sich um Feiertage handele, wenn der Sender die UEFA-Cup-Begegnungen der deutschen Vertreter zeigen darf. Das Problem dabei: Heute kann man zwar absolut jedes Spiel sehen (vorausgesetzt, es läuft gerade kein Werbeblock), aber das einzig Spektakuläre daran ist die Quantität der Partien. Denn statt Manchester United, dem FC Barcelona und dem HSV spielen im UEFA Cup heute Mannschaften wie NK Domzale, FC Nistru Otaci, Myllykosken Pallo oder FC Etzella Ettelbrück. Klingt nach Augsburger Puppenkiste, ist aber tatsächlich UEFA-Cup.

Hoppla, da hat irgendjemand eine Tribüne liegenlassen!

Das Problem ist nämlich, dass die UEFA irgendwann den großen Drang verspürte, alle Wettbewerbe möglichst konsequent zu verwässern. Der ungeliebte „Cup der Pokalsieger“ wurde ganz gekillt, zu den Größten der Großen in den „Cup der Landesmeister“ wurden die Vizemeister, Drittplatzierten und Vierten der großen Ligen Europas mit hineingestopft und der UEFA-Cup wurde dann mit den Mannschaften aufgepustet, die damals (als ich schon im Bett lag) froh sein durften, wenn sie mal großen Fußball im Fernsehen *sehen* durften. Meine Güte: Anorthosis Famagusta FC, Xanthi FC, Groclin Grodzisk Wielkopolski, FC Krylya Sovetov Samara. Klingt wie Hautpflegemittelchen, ist aber tatsächlich UEFA-Cup.

Beinahe reflexartig äußern viele Bundesligisten vor jeder Saison, mindestens Platz 5 erreichen zu wollen, der zur Teilnahme am UEFA-Cup berechtigt. Erst wenn man sich dann für diesen Wettbewerb qualifiziert hat, denkt man sich: Na und, wozu nun das? Wer am Ende einer Saison in den UEFA-Cup gerutscht ist, freut sich gefühlte 4 Sekunden lang und verbringt die nächsten Monate damit, massiv darüber rumzujammern dass man jetzt dauernd zwei Tage vor einem Bundesligaspiel im UEFA-Cup gegen FC Wralatzki Grobsch oder FK Bitumenski Hlallasch antreten muss. Diese Vereine gibt es übrigens nicht. *Noch* nicht. Und gleich im Anschluss daran jammern die Vereinsoberen dann auch noch im Chor herum, dass man erst so ab der 8. oder 9. Runde Geld verdienen kann in diesem seltsamen Cup. Nicht mal als Spieler von Mainz 05 dürfte man sich fanatisch auf Spiele gegen Matáv Football Club Sopron, NK Publikum oder NK Široki Brijeg freuen. Klingt wie ein pfiffiges Gulaschgericht, ist aber tatsächlich UEFA-Cup.

Spielszene von UEFA-Cup-Teilnehmer (ehrlich!).

In der Tat hat die UEFA mit der Reform ihrer großen drei Wettbewerbe sehr viel Porzellan zerschlagen und simultan dazu auch noch fünf beachtliche Eigentore geschossen:

1.) Die großen Vereine können ihren Fans Spiele gegen die anderen großen Vereine nur noch mühsam als Attraktion verkaufen, weil Bayern München z.B. sowieso alle paar Monate gegen Madrid, Turin oder Amsterdam spielt. Langweilig, irgendwie.

2.) Die nationalen Pokalwettbewerbe in den einzelnen Ländern sind entwertet, weil ein Pokalsieger nicht mehr automatisch in einem wichtigen Wettbewerb spielen darf.

3.) In Ligen wie der Bundesliga dürfen nicht mehr nur die wirklich guten, sondern auch schon die mittelmäßigen Mannschaften international spielen.

4.) Dauernd werden gähnend langweilige UEFA-Cup-Spiele im Fernsehen gezeigt – gegen Teams aus Ländern, die es vermutlich gar nicht wirklich gibt.

Und

5.) ...sind alle verbliebenen Wettbewerbe irgendwie nicht mehr so prickelnd wie früher.

Hexenkessel bei Punktspiel von UEFA-Cup-Teilnehmer.

Ich könnte nun ganz schlau folgendes vorschlagen: Schmeißt Vizemeister, Dritte und Vierte aus der Champions League raus und lasst sie alle im UEFA-Cup ran! Der ist dann um Galaxien hochkarätiger und könnte somit auch finanziell aufgewertet werden. Lasst die Pokalsieger automatisch in der Champions League ran! Dann würden auf einen Schlag alle nationalen Pokalwettbewerbe wieder groß und wichtig, und in der Champions League spielen wirklich nur Champions, nämlich Meister und Pokalsieger. Statt eines hochgejazzten Hochglanz-Wettbewerbs „Champions League" und eines ungeliebten Stiefkinds „UEFA-Cup" hätte man zwei attraktive Wettbewerbe, und statt eines für viele Mannschaften zur lästigen Pflichtaufgabe verkommenen DFB-Pokals hätte man einen schillernden nationalen Cupwettbewerb, den alle ernst nehmen. Könnte ich vorschlagen, lass' ich aber. Wäre zu logisch.

Ich schließe also mit diesem Kapitel und werde ein bisschen Nägelkauen vor lauter Anspannung. Diese Woche ist wieder UEFA-Cup im Fernsehen. *„Mehr Feiertage für Deutschland"*. Die Deutschen Mannschaften HSV und Stuttgart spielen gegen Stavanger und Donezk. Klingt wie Bond-Bösewichte, ist aber tatsächlich UEFA-Cup.

Jedes Jahr aufs Neue ein Spaß für die ganze Familie: Der Gerd-Müller-Torrekord

(November 2005)

Wer den Fußballsport akribisch verfolgt, oder wie ein früherer Manager des VfL Bochum wohl gesagt hätte: Wer dies ganz *„karibisch"* tut, dem fällt mitunter auf, dass der gemeine Fußballjournalist an und für sich in den letzten Jahren vermehrt dazu neigt, wöchentlich neue, über-aufgeregte „Hypes" vom Stapel zu lassen und Alte zu beerdigen.

So entstanden ist auch seinerzeit das *Ungeheuer von Loch Ness der Fußball-Bundesliga*, der – jetzt mal Achtung! – *„Torrekord von Gerd Müller"*. Raunen im Saal. Bedeutet: 40 Tore in einer Saison, irgendwann mal in der Stummfilmzeit aufgestellt.

Ex-König Gerd Müller (Bildmitte)

In dieser Saison ist es derzeit Roy Makaay, der ihn nicht brechen wird. Hätte Werder Bremens Miroslav Klose sich in Barcelona nicht statt des Torrekords das Jochbein gebrochen, dann wäre er spätestens um den Nikolaustag herum zu dem aktuell amtierenden Stürmer gekürt worden, der in den Pressemeldungen als die aktuell amtierende Tor-Sau durchs Dorf getrieben wird, die *„jetzt aber wirklich ganz bestimmt wahrscheinlich den Torrekord von Gerd Müller brechen kann!"*. Meistens wird diese kühne Aussage verbunden mit dem längst zum jährlichen Evergreen gewordenen Satz *„Also, wenn es einer schafft, dann er!"* Und wer zum potenziellen Gerd-Müller-Torrekord-Killer ernannt wird, der ist meistens kurz danach erledigt, auf Monate hinaus. Siehe Makaay.

Brzenska (BVB) bricht - leider jedoch keinen Torrekord.

Seit beinahe 35 Jahren schafft er's übrigens nicht. Grundsätzlich. Er schafft es *nie*. Und das, obwohl sich die Reporter der Liga jährlich sicher sind: *„Na, wenn es einer schafft, dann aber doch wohl er!"* Diese Ansicht wird Saison für Saison verbreitet – trotzig, euphorisiert und naiv, obwohl jeder halbwegs entspannte Fan ziemlich genau weiß, dass nicht nur Roy Makaay und Miro Klose anno 2005 den Rekord nicht brechen, sondern auch Cacau nicht (2004), Ailton nicht (2003), Giovane Elber nicht (2002) (...) Ich überspringe mal im Dienste der Übersichtlichkeit einige Jahre: Ulf Kirsten auch nicht (1996), Anthony Yeboah nicht (1994), Wolfram Wuttke nicht (1986), Dieter Müller, Klaus Allofs, Manni Burgsmüller nicht (diverse Jahre). Ach ja: Und Sean Dundee auch nicht (spätes 19. Jahrhundert). Das war damals ganz überraschend, denn wenn es einer schaffen konnte, dann doch wohl er!

Eine knallharte Tatsache sollte die Reporter von jener stupiden Fragerei abhalten, und zwar für immer und ewig: Selbst Gerd Müller hat den 40-Tore-Rekord von Gerd Müller nie gefährden können! Es ist zum Brechen.

Einer von vielen, die Gerd Müllers 40-Tore-Marke nicht brechen konnten: Gerd Müller

Rein rechnerisch ist es ja nun einmal folgendermaßen: Um mehr als 40 Tore in einer Saison zu erzielen, müsste man in 34 Spielen durchschnittlich mindestens 1,18 Tore pro Spiel schießen. Das trifft z.B. auf jene Spieler zu, die in den ersten 6 Spielen einer Saison 8 mal eingenetzt haben. Sowas ist selten, und wenn es alle zwei Jahre mal trotzdem passiert, hyperventiliert die Fußballjournaille im Chor und kiekst heiser und aufgeregt etwas von *„Diesmal ist Gerd Müllers Torrekord aber nun ganz, ganz wirklich in Gefahr!!!“*. Meistens ist dieser Satz verbunden mit ... na...? Richtig: *„**Wenn** es jemand schafft, dann doch wohl **er**!“* Am Ende hat der Torrekord-Verdächtige 22 Tore geschafft, wenn es gut läuft. Wenn es schlecht läuft, wird er ein Jahr später an den MSV Duisburg verliehen, der einen Teil des viel zu hohen Gehalts übernimmt, was blöderweise gezahlt werden muss, weil ein Müller-Torrekord-Kandidat meistens schnell und lukrativ seinen Vertrag verlängert, wenn er schlau ist.

Wenn aber also ein Bundesliga-Profi mal zu Beginn einer Saison derart gut trifft, dann ist das in 999 von 1000 Fällen leider dennoch nicht gut genug, um Gerd Müller mehr als ein müdes Lächeln zu entlocken. Denn es reicht nicht, in den ersten 6 Spielen 8 Buden zu machen. Vielmehr müssen in den 6 Spielen danach noch mal 8 Buden gemacht werden, und dann noch mal, und dann noch mal, und dann noch mal. Und dann ist auch schon Weihnachten und es gibt den Nikolaus wirklich.

Und eins steht mal fest: Wenn es jemanden wirklich gibt, dann ihn.

In den späten sechziger Jahren sahen Fußball-Sammelbilder immer merkwürdig künstlich aus. Dieses Bild zeigt endlich, woran genau das lag.:Wir sehen den heute selbst in seinem eigenen Bekanntenkreis nahezu unbekannten Ex-Dortmunder Klaus Brakelmann in einem Fotostudio, ca. 1968. Von oben: Künstliches Licht. Hinten: Eine Art Fototapete. Unten: Am Rand der Fototapete klebt fotografierter Rasen. Ganz unten: Künstlicher Fusselrasen, wie man ihn heute noch zuweilen für Osternester verwendet. Schön ist, dass man sich nach endlosen Jahren der Quälenden Ungewissheit nun endlich erklären kann, wie es kommt, dass Klaus Brakelmann in aller Seelenruhe mit einem Ball posen kann, während hinter ihm offensichtlich das Spiel normal weiterläuft.

"We Will Rock You", Kindertränen und Zauberzwerge – Phänomen Hallenfußball

(Januar 2006)

Es ist Winterpause in der Bundesliga. Zum Zeitpunkt dieser Zeilen schon weit über 4 Tage lang. Unvorstellbar, grausam, vorhersehbar und doch unvorbereitet ist sie wieder eingetroffen. „Winterpause", das bedeutet, in dieser Reihenfolge: Langeweile, Jahresrückblicke, Jahresrückblicke, Langeweile, Hallenfußball, Hallenfußball, Langeweile, Hallenfußball, Langeweile, sinnlose Vorbereitungsspiele.

Erlebnis Hallenfußball! Nicht im Bild: „We Will Rock You".

Woher bezieht der gemeine Fan in der Winterpause seine Glücksgefühle? Lieb sein zur Familie? Schokolade essen? Wie jedes Jahr „Wir sind keine Engel" mit Humphrey Bogart und Peter Ustinov ansehen? Nun, das ist alles toll, aber keine der genannten Optionen berechtigt dazu, mit weit aufgerissenen Augen schrill *„YEEEESSSSSS!!"* zu brüllen und die Faust zu ballen. Und das ist, wenn wir mal ganz ehrlich sind, ja des Fußballsfans liebste Tätigkeit.

Reden wir doch mal offen über Hallenturniere. Der Begriff „Fast Food“ kommt angeblich aus dem Englischen und bedeutet „Schnelles Essen“, behaupten die einen. Die Kritiker sagen, „Fast Food“ sei ein eher deutsches Wort und verheiße vielmehr: „Beinahe so etwas wie Nahrung“. Ähnlich verhält es sich mit Hallenfußball, den man sich als Fan zuhause am Fernseher mehr reflexartig anschaut: Das ist beinahe so etwas wie Fußball.

Wirklich schöne Impressionen ergeben sich, wenn man beim Hallenfußball einfach mal den „Fußball“ ausblendet und die übrig bleibenden Bilder auf sich wirken lässt.

Weil aber eben nur „beinahe“, zieht es auch nicht so sehr die beinharten Fans in die Hallen, wenn Veranstalter und vor allem das DSF in den ersten Wochen eines neuen Jahres zum Hallenfußball bitten, der dann immer „Budenzauber“ oder gerne auch mal „Indoor-Spektakel“ genannt wird. Die Hallen sind dann meistens gut gefüllt mit Beinahe-Fans, die statt „Spektakel“ und „Zauber“ meistens dieses hier zu sehen bekommen:

1.) B-Mannschaften mäßig interessanter Bundesligisten. Die Spitzenteams kommen in der Regel mit den weniger wichtigen Akteuren der eigenen Regionalligamannschaft, so dass für Bayern München dann nicht Makaay und Pizarro auflaufen, sondern Leute wie, sagen wir mal, Ronny Hebestreit und Elmo Mbwandele (18).

2.) Nasebohrende Mit-Fans, die noch 40 Minuten auf das nächste wenigstens etwas interessante Spiel warten müssen und überlegen, ob sie sich bis dahin in den Katakomben der Halle für ein paar Schlickersachen anstellen sollen

3.) Ostblockteams ohne mitgebrachte Fans, die vom Veranstalter günstig verpflichtet werden konnten

4.) Mächtig überdrehte Hallensprecher von einem lokal ansässigen Privathörfunksender

5.) Fahrige Jungreporter interviewen gelangweilte Altstars

6.) Nach dem Finale gibt es eine Siegerehrung vor halbleeren Rängen, weil das örtliche Fußballteam schon seit zwei Stunden nicht mehr mitspielen darf.

Und das sind nur die Dinge, wie gesagt, die man *sehen* kann. Von dem, was man während eines Hallenturniers zu *hören* kriegt, kann der Mund kaum künden. Da wäre zum einen mal der Hallenmoderator. Das ist meistens irgendein „Edi“, „Robbo“ oder „DJ Chico“ von dem lokal sehr populären Sender „Radio Okidoki“ (Name typähnlich) , der die Zuschauer mit eigenem Gebrüll zur Räson bringen will. Eigentlich sollen ja beim Fußball die Zuschauer brüllen, jedoch beim Hallenfußball ist das umgekehrt: Robbo brüllt in der Regel permanent, und zwar immer nur den einen Satz, der je nach Verein geistesgegenwärtig modifiziert wird. Der Satz lautet: *„WO SIND DIE FANS VON ..... !??!?“*. Die Antwort ist in der Regel dankbares Aufjauchzen der Beinahe-Fans, sofern es um ihren Lieblingsclub geht. Bei den anderen fünf Teams herrscht betretenes Schweigen. Ich habe in diesem Zusammenhang vor vielen Jahren bei einem Turnier in Bremen einmal einen der schönsten Hallenfußballsätze aller Zeiten gehört: „WO SIND DIE FANS VON ROTOR WOLGOGRAD???“ Wirklich! (Die Antwort fiel bedrückend spärlich aus. Wolgograd hatte 7 Begleitpersonen mit in der Halle. Keine von ihnen verstand den deutschen Sprecher.)

Wann kommt man schon einmal so dicht an echte Ersatzspieler von Arminia Bielefeld heran?

Betretenes Schweigen wird beim Hallenfußball meistens geschickt übertüncht, indem der Hallen-DJ dann ganz hastig „WE WILL ROCK YOU“ einspielt, getrieben von der romantischen Hoffnung, die Halle möge alleine schon dadurch zum pulsierenden Hexenkessel hochkochen. Nach ungefähr 20 vergeblichen „WE WILL ROCK YOU“-Anläufen schaltet der DJ dann auf etwas Progressiveres um, zum Beispiel auf die Hermes House Band oder gleich auf DJ Ötzi.

Der Rest ist schnell erzählt. Sieger des Turniers wird meistens Arminia Bielefeld, weil der große Favorit keinen Bock hat und früh ausscheidet und der Lokalmatador dann doch zu grün ist und im Halbfinale mit 0:9 gegen irgendeinen anderen Bundesligisten rausfliegt. Bei den Bundesligisten spielen sich völlig unbekannte Namen in den Vordergrund, wie zum Beispiel Dominik Stroh-Engel von Eintracht Frankfurt oder Nils Fischer von Arminia Bielefeld. Wenn Top-Teams wie Bayern München oder Schalke 04 am Start sind, müssen entnervte Väter mehrere Stunden lang ihre in Tränen aufgelösten, traumatisierten Kinder trösten, die sich auf Ballack und Kuranyi gefreut hatten. Immerhin: Elmo Mbwandele (18) schreibt bereitwillig und bis zum Morgengrauen Autogramme auf Schirmmützen.

Die Eigentümer dieser Karten kaufen sich vermutlich gerade Schlickersachen.

Torschützenkönig des Turniers wird dann wird irgendein 19-Jähriger vom VfL Bochum, der nur 1,62 m groß ist und deshalb mit dem Hallenspiel an sich und seinen Besonderheiten besonders gut klarkommt. Anschließend hört man von ihm nie wieder etwas, weil er für das „richtige" Spiel draußen auf dem Rasen einfach viel zu klein ist.

Immerhin: Im Beinahe-Fußball ist der Kleine ein ganz Großer.

(P.S.: Rotor Wolgograd existiert nicht mehr. Die Frage nach dem Aufenthaltsort der Fans dieses Vereins hat sich somit sogar noch drastisch erschwert.)

Das Winterrätsel der dargebotenen Plauze

(Dezember 2005)

Im Winter ist es kalt. *„Sogar kälter als draußen!“*, würde Gerhard Delling nun vermutlich glucksend hinzufügen. Aber bleiben wir mal ausnahmsweise ernst. Denn es geht um etwas Unschönes: um entblößte Leiber.

Fußball. „It's the beautiful game!“ (Pelé)

Nun bin auch ich stolzer Besitzer eines Hormonhaushalts und weiß daher sehr gut, dass entblößte Leiber manchmal durchaus auch ganz schön sein können. Ich rede aber auch nicht von den entblößten Leibern wohlgestalteter Menschen auf bequemen, gepolsterten Möbelstücken in trauter Zweisamkeit, sondern von den entblößten Leibern oft nur unzureichend durchtrainierter Fußballfans auf oft nur unzureichend gepolsterten Tribünen in oft völlig unbequemen Fanblocks. Im Winter. Und im Winter ist es kalt.

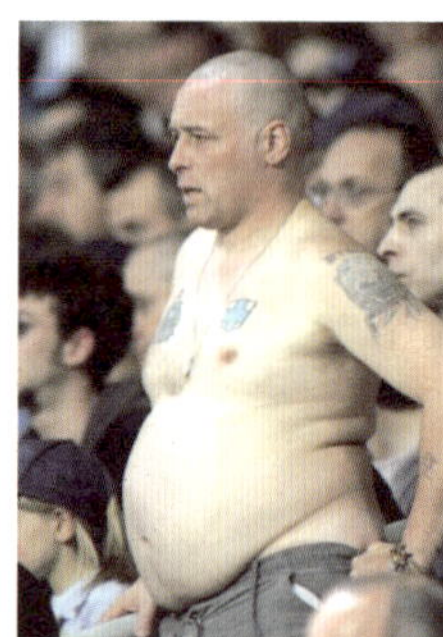

Dieser Fan friert offenbar nicht. Mehr positives läßt sich zu diesem Bild allerdings auch nach längerem Nachdenken nicht sagen.

Was also bringt Fans dazu, sich bei 5 Grad minus mit freiem Oberkörper auf einen Stadionzaun zu stellen? Geklärt haben wir schon, dass es keine Maßnahme im Dienste ästhetischer Lustgewinne sein kann. Denn in restlos allen Fällen von entblößten Fan-Leibern im Schneegestöber eines Bundesligaspiels ist nach einem kurzen Blick klar, dass es dem Eigentümer des Leibes, also dem Leibeigenen, nicht um eine erotisierende Wirkung seines Tuns gehen kann.

Was also dann? Auch die desodorierende Wirkung scheidet aus, denn bei minus 5 Grad schwitzt man ja in der Regel nicht gar so doll. Wir halten also fest: Die Optik kann es nicht sein, zu große Hitzewallungen unter der Kutte auch nicht. Aber was ist es dann?

Unbändiger Fan-Stolz: „Wir tun so, als frieren wir nicht, und wir werden sogar fotografiert!“ Ein entspannteres Stadionerlebnis genießt dennoch mit ziemlicher Sicherheit der Fan in der Winterjacke (links hinten).

Die Wahrheit ist eher unschön. In der Tat sprechen Psychologen nämlich davon, dass sich Fans in winterlichen Stadien aus einer Art degeneriertem Balzverhalten heraus entblößen. Oder, um es brutal und direkt zu sagen: Wer nicht durch ein charmantes Wesen, eine glockenhelle Stimme, ein elegantes Äußeres oder einen beeindruckenden Intellekt auffällt, der muss, wie soll ich sagen, einfach mal was Derbes machen (in der Straßenbahn laut rülpsen, nur so als Beispiel). Vorausgesetzt natürlich, er *will* unbedingt auffallen. Und davon ist leider auszugehen, denn die Nackt-Plauzen stehen immer gut sichtbar vorne im Block, nie irgendwo eingekeilt und schlecht sichtbar. In der Steinzeit hat man den Weibchen vermutlich hinterhergegrunzt: *„Cowabunga, ich kann super jagen und friere auch nicht so leicht!“*

Wer also unbedingt auffallen will, aber gerade nicht mit hervorstechenden Persönlichkeitsmerkmalen glänzen kann, der versucht es im Stadion mit Nackigmachen. In vielen Fällen geschieht das, weil man mal ins Fernsehen will. Und in allen Fällen geschieht es aus dem dumpfen Gefühl heraus: *„Um auf mich aufmerksam zu machen, muss ich mich zum Affen machen. Also raus mit der Wampe."* Im Unterton schwingt mit: *„Ich bin ein knallharter Typ, denn bei 5 Grad minus stehe ich hier, nur mit einem Schal bekleidet. Seht her!"*

Wer sonst nichts zu bieten hat, muss das tun. Sinnvoller wäre aber, den Frost-Nackedeis warm eingemümmelt die Stirn zu bieten und ihnen entgegenzuschleudern: *„Okay, Plauze – freilich magst Du knallhart sein, aber schau: Ich trage angemessene Winterkleidung! Daraus folgt: Du bist tough, ich bin schlau!"*

Natürlich läuft man dann Gefahr, umgehend eine nackte, kalte Faust aufs Maul zu kriegen. Und das nicht mal unberechtigt. Immerhin: Wenn man sich jetzt geplättet am Boden krümmt, friert man nicht so.

Gut, das will ich mal durchgehen lassen: In Brasilien wird es ja nicht ganz so kalt.

Traditionspflege

...oder: Weshalb Pierce Brosnan nicht unbedingt Dreckskommerz ist

(Februar 2006)

Fußballfans an und für sich sind in den meisten Fällen traditionsbewusst. Das ist auch gut und lobenswert, denn niemand will bei seinem eigenen Verein so entgleiste Auswüchse erleben, wie man sie im nahen Ausland bei ehemaligen Traditionsvereinen bestaunen kann, die plötzlich heißen wie ein zu süßer Energy-Drink und deren Spieler auf dem Spielfeld nun aussehen, als seien sie in Bonbonpapier eingewickelt.

Nur – wo genau muss man anfangen, wenn man die Tradition seines Lieblingsvereins bewahren will?

Vor der Einführung der Trikotwerbung: Alles war gut, alles wie immer.

Unmittelbar während der Einführung der Trikotwerbung: Die Kommerzkrake greift zu!

Nach der Einführung der Trikotwerbung: Vom Werbeschriftzug abgesehen war bei Werder Bremen 1991 aber alles wie immer.

Es gilt als ungeschriebenes Gesetz, dass man in der Mitte seiner Teenagerjahre extrem fürs weitere Leben geprägt wird. Was man also mit 14 oder 15 kennen gelernt hat, soll am besten für immer so bleiben ... Mal abgesehen davon, dass die Akne eventuell auch gerne wieder verschwinden darf. Die Musik, die man mit 15 geliebt hat, wird noch Jahrzehnte später im Seniorenheim für verklärtes Seufzen sorgen. Die Lieblingsserie aus der Jugendzeit wird auf ewig als *„irgendwie kultig"* empfunden werden, und ein bizarres aktuelles Phänomen meiner eigenen Generation ist es, dass viele erwachsene Männer am PC eine Gänsehaut bekommen, wenn sie ein grobpixeliges, knarzendes, wackeliges Computerspiel ihrer Jugend im Internet wiederentdecken. Ein Mittdreißiger, der sentimental schluchzend Stunden vor einem Monitor verbringt, auf dem gemütlich tuckernd viereckige Raumschiffe die Welt vernichten, ist kein schöner Anblick.

Was das mit Fußball zu tun hat? Nun: Die Wahrnehmung der eigenen Vereinstradition funktioniert ungefähr genauso. Wir lernen unseren Verein mit 10, 12 oder 15 Jahren zum ersten Mal so richtig kennen (wenn nicht gar lieben) und möchten dann, dass er möglichst für immer so bleibt. Ausgenommen, der Verein ist durch großes Pech Fortuna Düsseldorf. Konsequenz: Jeder Umbau des Stadions macht wehmütig, jeder Abschied eines Urgesteins aus der Mannschaft sorgt für Melancholie, jeder neue Vereinssong ist immer automatisch schlechter als der Alte.

Udo Lattek 1970. Werbefrei. Nur die Hose hätte vielleicht nicht sein müssen.

Udo Lattek 1992. Nicht ganz werbefrei, aber dennoch voller Würde und Seriösität.

Schwierig wird es freilich, wenn es um komplexere Dinge geht: Der Verkauf des Stadionnamens z.B. wird allerorten als absolutes Schreckgespenst gesehen. Nur: Weshalb ist man gegen Kommerz beim Stadionnamen, während man sich über die Trikotwerbung keine Gedanken mehr macht? Richtig: Weil wir mit Trikotwerbung *aufgewachsen* sind. Und nun wohl achselzuckend finden, man könne daran eh nichts mehr ändern. Wir sollten uns was schämen, dürfen uns ältere Geschwister ob dieser schlaffen Einstellung nun getrost zurufen, sofern sie schon einmal auf einem Ostermarsch waren.

Das Ganze lässt sich weiterspinnen: Die einen Fans halten einen Clubsong von 1981 für **den** wahren Song und alles andere für Dreckskommerz. Die anderen Fans allerdings sind etwas älter und halten deshalb den Song von 1981 *auch* für Dreckskommerz, weil sie noch irgendwo die Vereinssingle von 1967 herumliegen haben. Jüngere Fans wiederum lieben möglicherweise den neuesten Clubsong und finden den mächtig cool. Aus vergleichbaren Motiven ist für manche Menschen Sean Connery der einzig akzeptable Bond, ich kann auch mit Roger Moore gut leben, Abiturienten von heute werden Pierce Brosnan sicher weitaus cooler finden.

Für die Vereine ergibt sich daraus die nahezu unlösbare Aufgabe, größere Teile der Fankultur gleich gut bedienen zu können. Und ab hier wird es richtig schwierig, weil ein neuer Song ebenso immer nur den *einen* gefallen wird und nicht den *anderen* wie ein neues Trikot, eine neue Tribüne oder ein neuer Stadionname, den die einen ablehnen wie der Teufel das Sparwasser (Redensart-Fußballjoke!) und die anderen als notwendiges Übel anerkennen, um dem eigenen Lieblingsverein besser beim Konkurrenzfähigbleiben zusehen zu können. Sagt man ja so.

Sean Connery

Roger Moore

Für die Fans ergibt sich daraus die Notwendigkeit, bei der Bekämpfung unangenehmer Tendenzen möglichst viel Augenmaß walten zu lassen: Ein neuer Vereinssong, ein neues Trikot, ein „Taxodingsbums"-Anstecker am Revers des Trainers im Sportstudio oder ein neuer Stadionname bedeuten selten das Ende des Vereins und sogar noch seltener den Untergang des Abendlandes. Derartige Phänomene sind manchmal unangenehm oder sogar schmerzhaft, aber sie mahnen viel eher zu wissender Gelassenheit als zu dogmatischem „Anti-Kommerz!"-Protestgeheul. Profifußball funktioniert ohne Kommerz längst nicht mehr, leider. Auf das Maß kommt es an.

Fußball funktioniert dagegen ganz prima ohne Sonntagsspielansetzungen, penetrante Gewinnspiele im Fernsehen oder die Umbenennung des Vereinsnamens in „Nutella".

Triff Deinen Star!

(März 2006)

Jeder junge Fußballfreund, dessen Herz unauslöschlich für einen Verein, einen Spieler oder für den Fußball ganz allgemein entflammt, hat einen Traum: Irgendwann einmal seinem Idol begegnen! Ich kann mich erinnern, dass ich als kleiner Junge einmal ganz aufgewühlt aufgewacht bin, weil ich wikrlich geträumt hatte, Franz Beckenbauer sei in unserer Straße spazieren gegangen! Ich war damals *sehr* klein! *Sehr, sehr* klein! Und für die jüngeren Leser: Beckenbauer hatte seinerzeit einen schwarzen Lockenkopf und spielte auch ganz gut Fußball. In Wirklichkeit war der „Kaiser“ nie in seinem Leben in Kirchweyhe, und die Prognosen für die Zukunft stehen auch eher schlecht.

Meistens ersehnt man so etwas vergeblich, aber in ganz seltenen Fällen bewahrheitet sich dieser Traum sogar irgendwann einmal. Problematisch aber: Wenn man seinem Star dann plötzlich gegenübersteht, weiß man nicht, was man tun soll. Es ist ja so: für den so vertrauten Lieblingsstar ist man eine völlig fremde Person, und große Fußballstars fiebern nicht permanent einem Treffen mit dem Fan entgegen, weil sie von derartigen Treffen sowieso ca. zwanzig Stück pro Tag erleben, egal wo auch immer sie hingehen.

Hier trifft jemand (rechts) einen Star (links).

Folge ist: Jeder Fan bemüht sich, etwas ganz Wichtiges, Bedeutendes zu sagen. Gleichzeitig denkt jeder Star so etwas wie: *„Oh, schon wieder einer."* Es gibt in einer solchen Situation aber nichts, was man seinem Star sagen könnte, was dieser nicht sowieso dauernd zu hören bekommt. Außer vielleicht *„Die Summe der Winkel in einem Dreieck beträgt immer 180 Grad!"* ...aber wer sagt so etwas schon ernsthaft? Meistens sagt man ja Dinge wie *„Hallo Tim, alles klar?"* oder *„Hallo Frank, wann ist euer nächstes Spiel?"* oder *„Ey, können wir Foto?"*

„Ey Slomka, können wir Foto?" Bei Schalke 04 wird Fan-Nähe noch groß geschrieben: Fan-Foto des Schalke-Trainers mit einem Dortmund-Fan

In einem solchen Moment bekommt man rote Bäckchen und schwitzt vor Aufregung. Eine Stunde später denkt man: *„Ich habe mich benommen wie der allerletzte Affe!."* Und man stellt sich vor, wie Herr Tim, Herr Frank und Herr Ey zuhause die Sporttasche in die Ecke pfeffern, sofort synchron Klinsmanns Nummer wählen und dann losprusten

„Nie glaubst Du, was mir heute passiert ist, Trainer! Ich habe einen unfassbar bescheuerten Fan getroffen! Der wollte sogar ein Foto machen und hat allen Ernstes gefragt, wann wir wieder spielen!!“

Diese Befürchtung ist unbegründet. Für Spieler sind Treffen mit Fans ein Teil ihres beruflichen Alltags. Das ist kein Vorwurf, sondern logisch. Siehe oben: Für den Star bist Du zwangsläufig einer von vielen, egal wie oft Du in Gedanken Tims Sporttasche tragen durftest. Manche Stars schaffen es, den Fans dennoch das Gefühl zu geben, wichtig und ernstgenommen zu sein. Das ist aber die Ausnahme. „Star-trifft-Fan-Begegnungen“ gehören zum Berufsbild des Fußballprofis dazu wie das Packen der Sporttasche oder das Auslaufen. Fans finden das in der Regel blöde, weil es jeglicher Fußballromantik widerspricht. Wer sich aber vorstellt, an einem einzigen Tag von zwanzig Unbekannten angesprochen zu werden, die alle mal eben ein Handyfoto machen wollen, ey, der wird vielleicht verstehen, dass man da als Spieler nicht immer wie ein Apparat funktioniert.

Fans treffen Stars.
Den Star erkennt man jeweils am Gesichtsausdruck.

Die Quintessenz: Stars bemühen sich in aller Regel um einen offenen, freundlichen Umgang mit Fans. Jeder Fan sollte aber verstehen, dass Fußballer andersherum nicht in jeder Lebenslage auf Knopfdruck charmant und sonnig gestimmt sein können. Das verlangt man nicht von seinem Deutschlehrer, das verlangt man nicht von seiner Mutter, und das sollte man auch nicht von seinem Mannschaftskapitän fordern. Der Fan, der in seinem Alltag immer und grundsätzlich auf Kommando lächelt und nett ist, werfe den ersten Ball.

Noch einmal Poldi und das blonde, junge Ding vom Schnappschuss weiter oben. Im Interesse von Lukas-Fan Nadine Funk hoffen wir mal, dass sie in ihrem weiteren Leben feurigere Umarmungen erleben wird als diese hier. (aus der „SPORT-BILD“)

Romantik – ein kleiner Bilderbogen des Glücks

(März 2006)

Fußballer sind nicht aus Holz (außer Robert Huth vielleicht). Fußballer sind sinnlich, haben Gefühle, Hormone, Herzen, Lippen. Fußballer sind romantisch. Sie leben einen körperbetonten Sport, in einer knisternden Welt voller leichtbekleideter, durchtrainierter Menschen. Es ist daher kein Wunder, dass auch vermeintlich abgezockte Fußballprofis hin und wieder eine schwache Seite haben.

Der folgende, vor Erotik knisternde Bilderbogen höherschlagender Kickerherzen soll all jene versöhnen, die Fußball für ein kühles Geschäft halten, in dem es ja doch nur noch um Kommerz geht.

Der Kuss

(Sidonie Grünwald-Zerkowitz, 1852 – 1907)

Dein Kuss allein will mir nicht genügen!
Ein Kuss nicht mein Begehren stillt!
Trankst Du ihn je in vollen Zügen
Und empfandst noch nicht, was aus ihm quillt?

„Trankst Du ihn je in vollen Zügen…?“ Jupp Heynckes und Berti Vogts

Ein Kuß - ein Blitz unter Sturmes Toben -
Ein süß Gewittern der Sinnenflut
Im tiefsten Mark, das nach unten, nach oben
Das Sein im Zickzack durchrast mit Glut.

„Ein süß Gewittern der Sinnenflut“ – Rudi Völler und Harald Strutz (Präsident des FSV Mainz 05)

Gewitter, das nicht sich löset in Regen …
In den Wolken bleibt und wühlend drin schwebt …
Und wetterleuchtend auf allen Wegen
Mit peinvollen Schauern uns durchbebt …

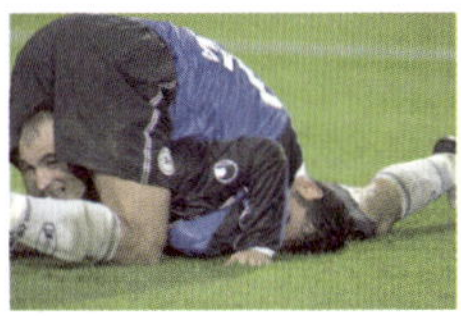

„…mit peinvollen Schauern uns durchbebt…“ – Fatmir Vata und Erhan Albayrak, Arminia Bielefeld

Soweit die Poesie. Dass es unter erwachsenen Männern nicht alleine beim Küssen bleibt, zeigen die folgenden, wunderschönen Bilder ungezügelter Lebensfreude:

Mikael Forssell (rechts): Zeitweise ein genitaler Angreifer

Mike Hanke (Mitte): „Blau und weiß, wie lieb' ich mich!“

Felix Magath schläft mit Uli Hoeneß (links)

Epilog: Was genau ist nun eigentlich Fußball?

Ich habe nun auf vielen Buchseiten viele Worte verloren über Dinge, die den Fußball schön machen. Und über Dinge, die Fußball zeitweise zu einem Quälgeist machen können.

Zu Beginn des Buches habe ich gemutmaßt, dass Fußball vor allem deshalb funktioniert, weil er einfach und kompliziert sein kann, dumm und schlau, vor allem aber herrlich einfach ist, und deshalb einfach herrlich. Ist nicht von mir. Habe ich mal irgendwo gehört.

Wer im Internet bei „Google" auf der Suche nach der Antwort auf die entscheidende Frage nach dem Geheimnis des Fußballs nach den Worten „Fußball ist..." sucht, bekommt fast 400.000 Antworten. Einfach sind darunter, komplizierte sind darunter, knappe und wortreiche, kluge und einfältige, richtige und falsche. Komischerweise sind die einfachen Sätze über Fußball oft die besten, die komplizierten Sätze über Fußball sind oft dumm, die Dummen oft klug und die falschen oft richtig.

Hier ist zum Schluss ein kleiner Auszug aus 400.000 Antworten aus der weiten Welt des World Wide Webs auf die Frage: „Was ist Fußball?" Die längeren Antworten sind geistreich und intelligent – wenigstens manche. Die kürzeren Antworten sind Fußball.

Fußball ist

Fußball ist keine Frage von Leben oder Tod, Fußball ist viel wichtiger als das.
Fußball ist eine Temposportart mit vielen schnellen Bewegungswechseln
Fußball ist ein Global Player, der unsere destruktiven Kräfte überformt
Fußball ist ein Sport, bei dem die Taktik spielentscheidend sein kann
Fußball ist Teil einer Realität, die weit über den Fußball hinausreicht
Fußball ist aber auch eine Lehre für den Erfolg zielstrebiger Arbeit
Fußball ist am einfachsten immer noch aus dem Bauch heraus
Fußball ist ein Sport, der zur kulturellen Integration beiträgt
Fußball ist immer noch der Lieblingssport der Deutschen
Fußball ist eine Sprache, die sogar Leben retten kann
Fußball ist ein Möglichkeitsraum der Entfesselung
Fußball ist eine der lebendigsten Populärkulturen
Fußball ist das einzige, was unser Land noch eint
Fußball ist die herrlichste Nebensache der Welt
Fußball ist die einzige wirklich globale Sportart
Fußball ist doof, aber nun ja zum Glück vorbei
Fußball ist des Mannes zweitgrößtes Glück
Fußball ist die Religion der Gegenwart
Fußball ist auch das, was er nicht ist
Fußball ist niemals ein Selbstläufer
Fußball ist ein Sieg über die Natur
Fußball ist eine Frage der Technik
Fußball ist ein globales Kulturgut
Fußball ist bekanntlich ein Spiel
Fußball ist mehr als nur Fußball
Fußball ist eine Frage der Ehre
Fußball ist Fußball ist Fußball
Fußball ist Ding, Dang, Dong
Fußball ist es eigentlich nicht
Fußball ist rund wie die Welt
Fußball ist lästig, aber schön
Fußball ist das halbe Leben
Fußball ist mehr als Kicken
Fußball ist Isolationsfolter
Fußball ist mir völlig egal
Fußball ist voll langweilig
Fußball ist voll Hammer
Fußball ist einfach lahm
Fußball ist ganz einfach
Fußball ist unser Leben
Fußball ist mein Traum
Fußball ist Kinderkram
Fußball ist das Größte
Fußball ist für alle da
Fußball ist ungesund
Fußball ist nicht affig
Fußball ist kein Witz
Fußball ist sehr gut
Fußball ist Fußball
Fußball ist lustig
Fußball ist Krieg
Fußball ist alles
Fußball ist doof
Fußball ist hier
Fußball ist lieb
Fußball ist.

Punkt.

Ein Hallo der guten Laune an die folgenden Fußballkumpel, Vorbilder und Homeboys:

Beckermann, Marco Bode, Manni Breuckmann, Bert Brunsen, Choco, Jörg Dahlmann, Ülfie Dumont, Entenspiel, Frank Fenken, Axel Jaque, Günther Koch, Philipp Köster, Uli Ladda, Peter Mack, Ulli Merk, Ande von Mundstuhl, Olaf Niehoff, Louis Philippe, Herbert Rienessel, Holg Rulli, David Safier, Peter Schultz, Horst Spandler, Stolli, Benjamin von Stuckrad-Barre, Töppi

„Ich sage nur ein Wort: *Vielen Dank!*" (Horst Hrubesch)

Ach ja: Der Autor steht übrigens in keinerlei Zusammenhang mit den Machern der Website „www.1000ganzlegalefussballtricks.de", möchte aber ausdrücklich Sympathie und Respekt für deren Arbeit ausdrücken. Der Titel dieses Buches entstand unabhängig vom Namen der gleichnamigen Website. Die Namensgleichheit ist zufällig, aber nicht unangenehm.

Erschienen im Juni 2005: „CD Zeiglers wunderbare Welt des Fußballs 1" (Sony/BMG)

Erschienen im Juli 2006: CD „Zeiglers wunderbare Welt des Fußballs 2" (Sony/BMG)

Weitere sportliche Bücher im Humboldt Verlag:

Zeiglers wunderbare Welt des Fussballs

1111 Kicker-Weisheiten, hochsterilisiert von Arnd Zeigler

256 Seiten, zahlreiche farbige Abbildungen, 8,90 EUR (D)
ISBN 3-89994-055-5

„Dem Fußballkolumnisten und Radiomoderator Arnd Zeigler ist es zu verdanken, dass dieser Schatz von An- und Einsichten jetzt gehoben wurde."
DER SPIEGEL

„...finden sich in Arnd Zeiglers eindrücklicher Aneinanderreihung von 1111 Kicker-Weisheiten unbekanntePhilosopheme, die über die handelsüblichen Tapattoni- und Matthäus-Zitate hinausgehen."
Die Welt

Jens Kesting / Ralf Plaschke
Kickern & Tischfußball

Technik, Geschichte, Zubehör, Adressen, Turniere, Meisterschaften u.v.m.

Mit dem offiziellen Regelwerk des Deutschen Tischfußballbundes!

ca. 160 Seiten, zahlreiche Abbildungen
7,90 EUR (D) , ISBN 3-89994-054-7

Neuheit Mai 2006